本书是 2013 年山东省社科普及与应用重点自筹项目
《老板，这是我的权利——劳动者依法维权案例与图解》的最终成果

山东科技大学学术著作出版基金资助

Hello Boss,
Please Take the Labor Rights Seriously

老板

BOOS

刘 兵
曾星月
著

这是我的权利

——劳动者依法维权案例与图解

中国政法大学出版社

2019·北京

图书在版编目（ＣＩＰ）数据

老板,这是我的权利:劳动者依法维权案例与图解/刘兵,曾星月著. —北京:中国政法大学出版社,2019.11
ISBN 978-7-5620-9291-9

Ⅰ.①老… Ⅱ.①刘… ②曾… Ⅲ.①劳动法－案例－中国 Ⅳ. ①D922.505

中国版本图书馆CIP 数据核字(2019)第 248785 号

出 版 者	中国政法大学出版社
地　　　址	北京市海淀区西土城路 25 号
邮寄地址	北京 100088 信箱 8034 分箱　邮编 100088
网　　　址	http://www.cuplpress.com（网络实名：中国政法大学出版社）
电　　　话	010-58908586(编辑部) 58908334(邮购部)
编辑邮箱	zhengfadch@126.com
承　　　印	固安华明印业有限公司
开　　　本	650mm×980mm　1/16
印　　　张	16
字　　　数	240 千字
版　　　次	2019 年 11 月第 1 版
印　　　次	2019 年 11 月第 1 次印刷
定　　　价	49.00 元

　　劳动争议作为劳资矛盾的表现形式是当前我国社会矛盾纠纷集中和多发的领域。尽管劳资矛盾是市场经济中必然存在的社会矛盾，但如果劳动争议不能得到理性化、法治化解决，则可能引发更大的社会矛盾。因此，我国近些年来已经出台了大量有关劳动与社会保障方面的法律法规和政策，预防和化解劳动争议。实践表明，这些法律法规对建立和谐的劳动关系、保障劳动者的权利都起到了积极作用，劳动争议预防和化解的制度体系和机制取得了良好效果。

　　完善的法律制度体系和机制是防范和化解劳动争议的前提条件，而在制度体系和机制运行过程中，劳动者的权利意识和维权方式同样非常重要，它通常影响着劳动争议形成和发展的走向。劳动者权利意识的提高是市场经济发展与社会进步的表现，也是劳动关系发展的趋势。然而，在当前劳动关系和劳动争议的实践中，劳动者普遍存在权利意识模糊、维权方式粗放等问题。对于劳动者而言，抽象而又精细的法律制度虽然是其维权的基础，但是，劳动权利的指向性和具体化仍需要某种转换机制，否则劳动者难以准确理解由法律和制度所保障的劳动权利，也会制约其权利意识的提升和维权方式的法治化。正是基于这样的考虑，我们申请并获批山东省社科普及与应用重点项目《老板，这是我的权利——劳动者依法维权案例与图解》，本书就是该项目的最终成果。

　　本书以劳动权利为着眼点，站在劳动者的角度，通过具体案例的解析，帮助读者全面、系统、深入地理解《劳动法》《劳动合同法》等相关法律法规的规定，从而使劳动者在发生劳动争议时能够依法维权。作者在从事法学教学与研究和律师实践过程中，广泛搜集近几年出现的典型案例，结合实践经验，精心编写了面向劳动者的这本"权利图谱"，案例的整合与解析体现着作者对劳动权利体系与功能的深刻理解。当然，作者并不希望因其学术性而牺牲本书的实用功能，而是追求以通俗的语言将劳动者的权利，以及维护合法正当权利的方式娓娓道来，使其成为劳动者知法、用法，勇于维权、善于维权的"金钥匙"，让劳动者在主张和维护其合法权利时能够硬气地说："老板，这是我的权利！"

需要说明的是，书中的案例大多是精选自各地劳动争议仲裁委员会或法院所公布的典型案例，作者结合法律规定和实践情况进行了重新整合，案例中的人名、企业名称皆为化名。同时，为了便于阅读和查找，本书对各个案例设定关键词，并在书后编写索引，读者可以按图索骥。当然，由于时间和能力所限，书中的疏漏和不足之处在所难免，敬请读者不吝批评、赐教。

作者谨识
2019 年 5 月

CONTENTS

目 录

维权图解目录

第一章

我不是你的奴隶——人身权利篇

1. 用人单位强迫劳动者加班,劳动者有权解除劳动合同

【权利提示】 用人单位以暴力、威胁或限制人身自由方法强迫劳动者参加劳动或者加班的,劳动者有权立即解除劳动合同,向有关部门投诉或控告,并有权要求用人单位支付加班工资和解除劳动合同补偿金。

【关键词】 人身自由权　限制人身自由　强迫劳动　立即解除劳动合同　经济补偿金

【维权案例】

杨万才2014年入职某物流公司从事搬运工工作。物流公司业务比较多,经常要求员工加班加点完成发货订单。2015年3月10日,物流公司又接到一个大订单,客户要求第二天必须发货。物流公司于是要求所有员工当天晚上必须通宵加班,以完成订单。杨万才因家中孩子生病需要回家照顾,晚上加班到11点时向公司领导提出要求下班。但是,公司领导不同意,并表示所有人都在加班,任何人不能以任何借口离开公司,而且公司的大门也被关闭。杨万才着急回家,没有理会公司的要求,试图翻墙离开,但却被公司的保安队长带人拖了下来,保安队长对杨万才进行了推搡、威胁。见此情形,杨万才只得作罢,回到车间继续加班,直到第二天完成订单才得以离开公司。

杨万才认为物流公司以限制人身自由的方式强迫加班,侵犯了他的权利,于是向物流公司提出辞职,并向当地劳动监察部门进行投诉。劳动监察大队对物流公司强迫员工加班的行为进行了调查,认定物流公司强迫员工加班的事实成立,责令物流公司改正并处以2万元罚款。杨万才随后向劳动争议仲裁委员会提出仲裁申请,要求物流公司支付加班费和解除劳动合同补偿金。仲裁委员会经过审理支持了杨万才的仲裁请求。

【案例评析】

劳动者的人身自由权受法律保障，用人单位虽然可以行使用工管理权对劳动者进行管理和约束，但是，用人单位不得以暴力、威胁或非法限制人身自由的方式强迫劳动，否则，用人单位需要承担相应的法律责任。根据我国《劳动法》第96条、《劳动合同法》第88条的规定，用人单位以暴力、威胁或者非法限制人身自由的方式强迫劳动的，对用人单位依法给予行政处罚；构成犯罪的，依法追究刑事责任。因此，劳动者遭受用人单位以暴力、威胁或非法限制人身自由的方式强迫劳动的，可以向当地劳动监察部门或公安部门举报、投诉，追究用人单位及其责任人员的行政或刑事责任。

同时，根据《劳动法》及《劳动合同法》的有关规定，用人单位以暴力、威胁或者非法限制人身自由方式强迫劳动的，劳动者可以立即解除劳动合同，并要求用人单位支付解除劳动合同补偿金。如果劳动者遭受人身损害的，有权要求用人单位赔偿损失，包括医疗费、误工费、护理费等。

【维权图解】 劳动者被强迫劳动的维权途径

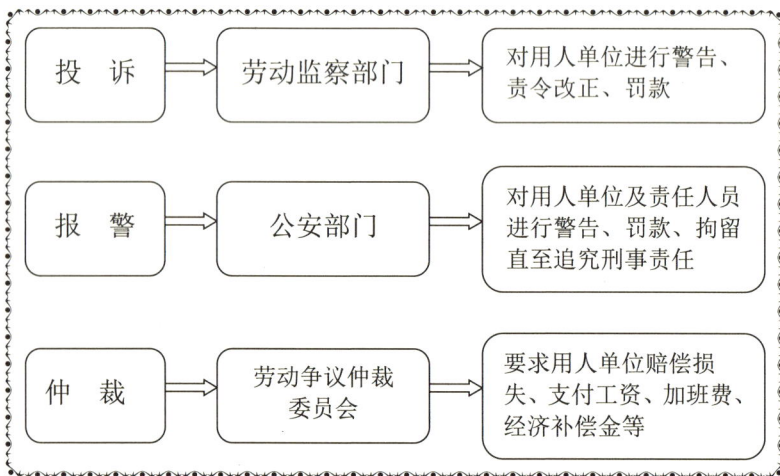

图表 1　劳动者被强迫劳动的维权途径

2. 用人单位强迫职工劳动，情节严重的构成犯罪

【权利提示】用人单位以暴力、威胁或者限制人身自由的方法强迫他人劳动的，构成强迫劳动罪，劳动者有权向公安机关控告，要求追究用人单位及相关人员的刑事责任，并有权要求用人单位赔偿损失。

【关键词】人身自由权 强迫劳动罪 刑事责任 人身损害赔偿 立即解除劳动合同 经济补偿金

【维权案例】

李万象在文登市开办了一家建材厂，雇佣当地人王永亮、张海等人对车间工人进行管理。2014 年 2 月，李万象通过中介公司招收了马文明等 50 余名来自甘肃的农民工。在马文明等人进厂工作后，李万象就以加强管理为名，强行扣押了他们的身份证和手机，并且不允许他们离开厂区。李万象还指示王永亮、张海等人对马文明等人进行看管，强迫其长时间劳动，且以各种理由克扣工资。马文明等人不堪忍受，纷纷逃离工厂，并向当地公安部门报案。文登市公安局接到报案后迅速出警，当场将李万象、王永亮、张海等带回公安局进行调查，同时解救受害工人 50 余名。

李万象等人后来被以"强迫劳动罪"提起公诉，并被法院判决罪名成立，判处李万象有期徒刑 8 个月，罚金 2 万元，王永亮、张海分别被判处拘役 6 个月，罚金 5000 元。马文明等工人被克扣的工资也被追回，同时法院还支持了马文明等人经济赔偿金的请求。

【案例评析】

劳动者依法享有人身自由权与休息休假权，用人单位不得以加强管理、赶制订单为由通过暴力、威胁或限制人身自由的方式强迫劳动者劳动。我国《刑法》第 244 条规定："以暴力、威胁或者限制人身自由的方法强迫他人劳动的，处三年以下有期徒刑或者拘役，并处罚金；情节严重的，处三年以上十年以下有期徒刑，并处罚金。"该条第 2 款规定对协助强迫他人劳动的也予以定罪处罚："明知他人实施前款行为，为其招募、运送人员或者有其他协助强

迫他人劳动行为的，依照前款的规定处罚。"同时，该条第3款还规定，用人单位构成强迫劳动罪的要予以定罪处罚，用人单位直接负责的主管人员和其他直接负责人员也要定罪处罚。

刑法的威慑可以更好地保护劳动者的人身自由权与休息休假权不受用人单位的非法侵犯。但在实践中，某些用人单位仍然置法律于不顾，任意侵犯劳动者的人身自由权与休息休假权。对用人单位涉嫌犯罪的行为，劳动者应当勇于维权，向劳动监察部门或者公安部门举报、投诉、控告，要求国家有关部门对用人单位的犯罪行为进行调查处理。

同时，劳动者在遭受用人单位以暴力、威胁或限制人身自由方法强迫劳动时，可以立即解除劳动合同，无需提前通知用人单位，因用人单位的行为造成劳动者损害的，劳动者有权要求用人单位赔偿损失，同时劳动者有权要求用人单位支付加班工资、未休年休假工资、解除劳动合同补偿金等。

【维权图解】劳动者可以立即解除劳动合同的情形

> 1. 用人单位以暴力、威胁或者非法限制人身自由的手段强迫劳动；
> 2. 用人单位违章指挥、强令冒险作业危及劳动者人身安全。

图表2　劳动者可以立即解除劳动合同的情形

3. 强迫员工跪地爬，用人单位担责任

【权利提示】用人单位侮辱、体罚、殴打、非法搜查和拘禁劳动者的，劳动者有权立即解除劳动合同，并要求用人单位支付解除劳动合同补偿金。劳动者可以向公安机关报案，公安机关有权依法对责任人员处以15日以下拘留、罚款或警告，构成犯罪的，依法追究刑事责任。

【关键词】人格尊严权　侮辱劳动者　经济补偿金

【维权案例】

丽珍从 2012 年初开始到重庆市美颜化妆品公司从事销售工作。2013 年 5 月 2 日上午，美颜公司组织员工在解放碑广场进行"挑战压力"培训，内容是要求员工穿着公司制服绕着解放碑跪地爬行，并且要边爬边喊"美颜，加油！"的口号。丽珍感觉在大庭广众之下跪地爬行非常难为情，于是向主管提出不想参加这次培训。但公司主管却说，如果不参加这次培训就扣发当月奖金，而且还有可能将其辞退。丽珍不得不硬着头皮参加了这次跪地爬行式的培训。

解放碑广场是重庆市著名的商业中心，美颜公司"别出心裁"的培训活动立即引起了大量群众的围观，甚至还有人拍下了现场照片并发到网上，重庆当地媒体也到现场进行了采访报道。由于美颜公司的培训活动引起大量人员聚集，涉嫌扰乱公共场所秩序，所以很快就被在广场执勤的警察劝止，培训活动的组织者也受到警方的批评教育。

培训结束以后，丽珍看到了自己跪地爬行的特写照片被发到了网上，并且引起了网友大量转发和评论。她对公司强迫参加有辱其人格尊严培训的做法更是感到不满，于是向公司提出辞职，并且要求公司支付经济赔偿金。美颜公司同意丽珍的辞职请求，但是，认为公司的做法没有不妥之处，而且是丽珍自己提出的辞职，因此拒绝支付经济赔偿金。丽珍随后向劳动仲裁委员会提出仲裁申请。

重庆市渝中区劳动争议仲裁委员会受理了丽珍的仲裁申请。劳动仲裁庭经过开庭审理，认定重庆美颜公司在组织员工培训期间存在侮辱员工人格尊严的行为，违反了劳动法与劳动合同法的有关规定，丽珍依法可以单方解除劳动合同，并且丽珍提出的经济赔偿金的要求合理合法，应当支持。劳动争议仲裁委员会最终裁定美颜公司应当支付丽珍经济赔偿金共计 8500 元。

【案例评析】

公民的人格尊严权受法律保障，任何单位和个人都不得侵犯他人的人格尊严，否则应承担相应的法律责任。劳动者作为受法律保护的公民同样享有人格尊严的权利，并不因从事劳动而应有任何减损。重庆美颜公司强迫员工在公共场所跪地爬行，这是对员工人格的贬损和侮辱，该公司以这种方式对员工进行培训，就算是得到员工的同意，也不能排除其违法性。因为公民的人身和人格权是受宪法和法律绝对保障的，任何人不能以任何理由非法侵犯公民的生命健康、人身自由和人格尊严权，哪怕是侵犯行为获得了被侵权人的同意。举例来说，假如有人因生活不如意想不开，要跳楼自杀，于是对旁边的人说："我不想活了，你把我推下去吧！"如果旁边的人真的把要跳楼的人推下去导致其被摔死，那么这个把别人推下楼摔死的人就会构成故意杀人罪，他不会因为获得被害人的同意而免除刑事责任。

同样的道理，劳动者在工作期间，用人单位不能以强化或规范公司管理为名侵犯劳动者的人身与人格权，否则用人单位必须承担相应的法律责任，包括赔偿损失等民事责任，拘留、罚款、警告等行政责任，如果构成犯罪的，还应承担刑事责任。

【维权图解】用人单位侵犯劳动者人身权的法律责任

1. 用人单位侵犯劳动者人身权利的情形：
（1）以暴力、威胁或者非法限制人身自由的手段强迫劳动；
（2）违章指挥或者强令冒险作业危及劳动者人身安全；
（3）侮辱、体罚、殴打、非法搜查或者拘禁劳动者；
（4）劳动条件恶劣、环境污染严重，给劳动者身心健康造成严重损害。
2. 用人单位侵犯劳动者人身权利应当承担的法律责任：
（1）行政责任──→警告、责令限期改正、罚款、拘留
（2）刑事责任──→强迫劳动罪
（3）民事责任──→赔偿劳动者的损失

图表3　用人单位侵犯劳动者人身权的法律责任

劳动者在工作过程中，如果受到用人单位以暴力、威胁或者非

法限制人身自由的手段强迫劳动，或者被用人单位侮辱、体罚、殴打、非法搜查或拘禁的，或者被用人单位违章指挥或强令冒险作业危及自身安全的，都可以无需事先通知或者获得用人单位的同意，立即辞职离开这样的用人单位，并向当地公安局报案，或者向人力资源与社会保障局的劳动监察大队举报或控告，要求追究用人单位赔偿损失。

4. 女职工遭受上司性骚扰而提出辞职，可以要求用人单位支付经济补偿金

【权利提示】 女职工的人身与人格权受法律的特殊保护，用人单位应当在劳动场所采取措施预防和制止对女职工的性骚扰，如果用人单位未尽法定义务导致女职工被迫辞职，应当向女职工支付解除劳动合同补偿金。

【关键词】 女职工　人格尊严权　性骚扰　经济补偿金

【维权案例】

陈瑜 2012 年 3 月入职上海骆天公司从事前台接待工作。2014 年 7 月，骆天公司新任行政总监蔺海涛作为陈瑜的上司，开始以工作的名义频繁对陈瑜实施性骚扰。蔺海涛经常通过短信、微信等向陈瑜发送黄色笑话，甚至在办公室对陈瑜动手动脚。陈瑜对蔺海涛的行为非常反感，也曾委婉地提出过警告，但蔺海涛认为他的行为只是同事之间的玩笑，因此并未收敛。当陈瑜最终忍无可忍地向蔺海涛发出警告时，蔺海涛却反而警告陈瑜说如果她不服从领导就让她离开公司。陈瑜愤而向公司高层领导控告蔺海涛，并要求调离前台岗位，到远离蔺海涛的销售部门工作。骆天公司高层领导对蔺海涛进行了警告，同时也劝陈瑜不要小题大做，同事间开开玩笑很正常。对陈瑜调岗的要求，公司领导说销售部门没有适合陈瑜的岗位，还是让她继续留在行政部原岗位工作。陈瑜对此不能接受，因而向公司提出辞职，并要求公司支付解除劳动合同补偿金。公司同意陈瑜辞职，但不同意向陈瑜支付解除劳动合同补偿金。陈瑜向当

地劳动争议仲裁委员会提出仲裁申请，要求骆天公司支付解除劳动合同补偿金。

劳动仲裁委经过审理认为，劳动者的人身和人格权受法律保护，女职工受法律特殊保护，陈瑜在工作期间受到公司主管领导的性骚扰，因而被迫辞职，公司对此存在过错，应当依法向陈瑜支付解除劳动合同补偿金，最终裁决支持了陈瑜的仲裁请求。

【案例评析】

劳动者的人身与人格权受法律保护，用人单位及其管理人员不得非法侵犯劳动者的人身与人格权。同时，法律还对女职工进行特殊保护，《妇女权益保障法》第40条规定："禁止对妇女实施性骚扰。受害妇女有权向单位和有关机关投诉。"《女职工劳动保护特别规定》第11条规定："在劳动场所，用人单位应当预防和制止对女职工的性骚扰。"因此，预防和制止对女职工的性骚扰是用人单位的法定义务。如果用人单位没有履行法定义务，在女职工对劳动场所的性骚扰行为进行投诉时，仍不采取措施加以预防和制止，女职工有权向公安部门或劳动监察部门投诉。如果女职工提出解除劳动合同的，因用人单位未履行法定义务导致劳动者被迫提出解除劳动合同，用人单位应当依法向女职工支付解除劳动合同补偿金。

5. 用人单位调岗具有侮辱性，迫使劳动者离职需赔偿

【权利提示】用人单位调整劳动者工作岗位应当合理合法，如果用人单位对劳动者的调岗带有侮辱性或惩罚性，迫使劳动者离职，用人单位应当向劳动者支付赔偿金。

【关键词】人格尊严权　调岗　侮辱劳动者　赔偿金

【维权案例】

李铁自2008年9月起入职某广告公司任业务主管，双方签订劳动合同的期限自2008年9月12日至2012年9月11日。2011年12月，李铁因业务提成问题与公司领导发生争执。2012年1月3日，广告公司向李铁发出调岗通知，将李铁的工作岗位由业务主管调整为业务员，而且要求李铁当天即办理工作交接并从原有办公室

中搬出，由于公司公共办公区已无空间，公司将李铁的办公桌安排在走廊中。李铁认为这是公司领导在侮辱他，因而离开公司。2012年1月15日，广告公司向李铁发出《解除劳动合同通知书》，告知李铁因其无故旷工超过10天，严重违反公司规章制度，因而自即日起与其解除劳动合同。李铁遂向当地劳动争议仲裁委员会申请劳动仲裁，要求广告公司支付违法解除劳动合同赔偿金。

劳动仲裁委经审理认为，用人单位变更劳动者的工作岗位应当与劳动者协商一致，并采用书面形式，如果在劳动合同期限内恶意变更劳动者的工作岗位，并采取惩罚性、侮辱性或者降薪、降职等手段迫使劳动者不到新岗位报到，后用人单位据此解除与劳动者的劳动合同的，属于违法解除劳动合同，用人单位应当向劳动者支付违法解除劳动合同赔偿金。因而仲裁委裁决支持了李铁的仲裁请求。

【案例评析】

用人单位具有用工自主权和经营管理权，对企业内部经营有自我管理和控制的权力。当用人单位需要对劳动者的工作岗位作调岗安排时，应当尊重原有的劳动合同，在合同约定的工作岗位、劳动报酬的范围内实施，并与劳动者以书面的形式协商确定。如用人单位确需调整劳动者的工作岗位，应同时具备以下条件：①调整劳动者工作岗位是用人单位生产经营的需要；②调整工作岗位后劳动者的工资水平应与原岗位基本相当；③不具有侮辱或惩罚性质；④无其他违反劳动合同或法律法规的行为。

在本案中，广告公司未与李铁进行协商而单方面调整其工作岗位，已经违反了劳动合同。劳动者在工作过程中的人格权受法律保护，用人单位不得对劳动者进行体罚、辱骂、侮辱。广告公司将李铁的办公位置安排在走廊靠近洗手间处是明显的侮辱行为，迫使李铁离开工作岗位。广告公司再以李铁旷工为由与其解除劳动合同，是明显的违法行为。因此广告公司应当向李铁支付违法解除劳动合同赔偿金。

【维权图解】 用人单位调整劳动者工作岗位应当具备的条件

```
1. 调整劳动者的工作岗位是生产经营的需要
2. 调岗后劳动者的薪酬水平应与原岗位基本相当
3. 不具有侮辱性或惩罚性
4. 无其他违反劳动合同或法律法规的行为
```

图表4　用人单位调整劳动者工作岗位应当具备的条件

6. 劳动者受到第三人侵权构成工伤，可以同时主张侵权损害赔偿和工伤保险赔偿

【权利提示】 因用人单位以外的第三人侵权造成劳动者人身损害，构成工伤的，该劳动者既是工伤事故中的受伤职工，又是侵权行为的受害人，有权同时获得工伤保险赔偿和侵权损害赔偿；用人单位和侵权人均应当依法承担各自所负赔偿责任，即使该劳动者已从其中一方先行获得赔偿，亦不能免除或者减轻另一方的赔偿责任。

【关键词】 第三人侵权　工伤　人身损害赔偿　工伤保险赔偿

【维权案例】

王云鹏2013年10月8日起到某餐饮公司从事餐厅服务员工作，双方签订为期2年的劳动合同。2014年12月24日，王云鹏在为包间用餐的李跃辉等人提供服务时，不慎将啤酒撒到客人身上，王云鹏的道歉并未得到李跃辉等人的谅解，双方发生口角，李跃辉等人将王云鹏打伤。餐厅报警后，李跃辉等人被警察带走调查，王云鹏被送往医院，经诊断，王云鹏头骨骨折并于当天进行手术。李跃辉等3人被刑事拘留，后由检察院以故意伤害罪提起公诉，最终被法院分别判了刑，王云鹏委托律师提起刑事附带民事诉讼，其因受伤造成的医疗费、误工费、护理费、伤残赔偿金等得到李跃辉等人的赔付。

2015年3月，王云鹏的伤情被人力资源与社会保障局认定为工伤，后被劳动能力鉴定委员会鉴定为十级伤残。王云鹏向餐饮公司要求支付工伤保险待遇，餐饮公司认为王云鹏已经通过民事诉讼从侵权人李跃辉等人处得到赔付，不同意支付工伤保险待遇。王云鹏随后向劳动争议仲裁委员会提出仲裁申请，要求与餐饮公司解除劳动关系、餐饮公司支付工伤治疗期间的工资以及工伤保险待遇。

劳动争议仲裁委员会经审理认为，因用人单位以外的第三人侵权造成劳动者人身损害，构成工伤的，劳动者因工伤事故享有工伤保险赔偿请求权，因第三人侵权享有人身损害赔偿请求权。虽然王云鹏已经通过刑事附带民事诉讼获得李跃辉等人的人身损害赔偿，但并不能因此减免餐饮公司支付王云鹏工伤保险待遇的法律责任。由于餐饮公司没有为王云鹏缴纳工伤保险，王云鹏依法应享受的工伤保险待遇由餐饮公司支付。劳动争议仲裁委员会最终裁决支持了王云鹏的仲裁请求。

【案例评析】

劳动者的身体健康权受法律保护。劳动者在工作期间因用人单位以外的第三人侵权造成人身损害，构成工伤的，劳动者有权同时获得人身损害赔偿和工伤保险赔偿。这两种赔偿责任虽然基于同一损害事实，但存在于两个不同的法律关系之中，互不排斥。

首先，基于工伤事故的发生，劳动者与用人单位之间形成工伤保险赔偿关系。国家设置工伤保险制度，目的是为了保障因工作遭受事故伤害或者患职业病的职工获得医疗救治和经济补偿。根据《工伤保险条例》的规定，用人单位应当为本单位全体职工缴纳工伤保险费，因工伤事故受到人身损害的职工有权获得工伤保险赔偿、享受工伤待遇。因此，只要客观上存在工伤事故，就会在受伤职工和用人单位之间产生工伤保险赔偿关系。确认该法律关系成立与否，无须考查工伤事故发生的原因，即使工伤事故系因用人单位以外的第三人侵权所致，或者是由于受伤职工本人的过失所致，都不影响受伤职工向用人单位主张工伤保险赔偿。

其次，基于侵权事实的存在，受伤职工作为被侵权人，与侵权人之间形成侵权之债的法律关系，有权向侵权人主张人身损害赔偿。侵权之债成立与否，与被侵权人是否获得工伤保险赔偿无关，即使用人单位已经给予受伤职工工伤保险赔偿，也不能免除侵权人的赔偿责任。

综上，因用人单位以外的第三人侵权造成劳动者人身损害，构成工伤的，劳动者具有双重主体身份——工伤事故中的受伤职工和人身侵权的受害人。基于双重主体身份，劳动者有权向用人单位主张工伤保险赔偿，同时还有权向侵权人主张人身损害赔偿，即有权获得双重赔偿。在这种情形下，用人单位和侵权人应当依法承担各自所负的赔偿责任，不因受伤职工（受害人）先行获得一方赔偿、实际损失已得到全部或部分补偿而免除或减轻另一方的责任。

【维权图解】劳动者遭受第三人侵权导致人身损害可以主张的赔偿项目

> 1. 医疗费；2. 误工费；3. 护理费；4. 交通费；5. 住院伙食补贴；6. 伤残赔偿金或死亡赔偿金；7. 丧葬费；8. 被抚养人生活费；9. 残疾人辅助工具费；10. 精神损害赔偿金。

图表5　劳动者遭受第三人侵权导致人身损害可以主张的赔偿项目

7. 用人单位工作环境恶劣，劳动者可以辞职并索赔

【权利提示】用人单位在生产过程中应改善劳动环境和劳动条件，保护劳动者的人身安全和健康。劳动者对用人单位管理人员违章指挥、强令冒险作业的要求，有权拒绝；对危害生命安全和身体健康的行为，有权提出批评、检举和控告。

【关键词】生命权　健康权　违章指挥　强令冒险作业　立即解除劳动合同　经济补偿金

【维权案例】

某汽车配件公司因长期开工不足，处于半停产状态，连给工人发工资都存在困难。2014年8月，该汽车配件公司与另外一家企业

签订了产品供货合同，一下子给公司注入了生机。该产品的最后一道工序是表面喷漆，因为喷漆工作台只有一个，加上空气潮湿，漆干得很慢，造成半成品大量积压。在这种情况下，为避免耽误工期，配件公司决定在一个废旧仓库中进行喷漆作业。该废旧仓库房屋低矮，没有窗户，根本不具备通风条件，在这种环境下作业会对身体有害。有职工提出异议，配件公司提出要么继续干，要么就解除合同。该公司喷漆班有八名职工进入仓库作业，两个小时后，八人全部出现了不同程度的头晕、恶心、呕吐等症状。后经医院诊断，这八名职工均因吸入大量的有机溶剂，造成急性苯中毒。事后，配件公司认为进入废旧仓库进行喷漆作业是经过劳动者认可的，不愿意承担责任。

【案例评析】

劳动者的生命安全与身体健康权利受法律保护，法律禁止用人单位以牺牲劳动者生命安全与身体健康为代价追求经济效益，法律同时赋予劳动者对用人单位损害自身生命安全与身体健康权利的行为予以拒绝或者提出批评、检举和控告的权利。

本案涉及用人单位违章指挥、强令冒险作业的法律责任与劳动者权利保障问题。劳动法律规定，用人单位必须建立、健全劳动安全卫生制度，严格执行国家劳动安全卫生规程和标准，对劳动者进行劳动安全卫生教育，防止在劳动过程中发生事故，减少职业危害。在生产过程中，改善劳动环境和劳动条件，保证正常的工作秩序，保护劳动者的人身安全和健康，是用人单位的法定义务。用人单位决不能因为经济利益而违章指挥、强令冒险作业，置劳动者的安全于不顾。如果用人单位有违章指挥、强令冒险作业行为的，劳动者可以根据《劳动法》《劳动合同法》的规定，采取以下措施，维护自己的合法权益：

第一，劳动者对用人单位管理人员违章指挥、强令冒险作业的要求，有权拒绝执行；对危害生命安全和身体健康的行为，有权提出批评、检举和控告。用人单位不得因劳动者对本单位安全生产工作提出批评、检举、控告或者拒绝违章指挥、强令冒险作业而降低其工资、福利等待遇或者解除与其订立的劳动合同。

第二，用人单位有违章指挥、强令冒险作业危及劳动者人身安全的，劳动者可以立即解除劳动合同，不需要事先通知用人单位。在此情形下劳动者解除劳动合同的，依照《劳动合同法》第46条的规定，用人单位需支付经济补偿金。

第三，可以请求工会维权。工会对生产经营单位违反安全生产法律、法规，侵犯从业人员合法权益的行为，有权要求改正；发现生产经营单位违章指挥、强令冒险作业或者发现事故隐患时，有权提出解决的建议，生产经营单位应当及时研究答复；发现危机从业人员生命安全的情况时，有权向生产经营单位建议组织从业人员撤离危险场所，生产经营单位必须立即作出处理。

第四，可以向劳动行政部门举报、投诉。用人单位有违章指挥、强令冒险作业危及劳动者人身安全的，依法给予行政处罚；构成犯罪的，依法追究刑事责任；给劳动者造成损害的，应当承担赔偿责任。

第五，根据《劳动争议调解仲裁法》的规定，因用人单位违章指挥、强令冒险作业而发生的劳动争议属于该法的适用范围，劳动者可以依法申请调解、仲裁或者提起诉讼。

【维权图解】重大劳动安全事故罪

1. 定义

重大劳动安全事故罪，是指工厂、矿山、林场、建筑企业或者其他企业、事业单位的劳动安全设施不符合国家的规定，经有关部门或者单位职工提出后，对事故隐患仍不采取措施，因而发生重大伤亡事故或者其他严重后果的行为。

2. 刑罚

触犯本罪的，处3年以下有期徒刑或者拘役；情节特别恶劣的，处3年以上7年以下有期徒刑。

图表6　重大劳动安全事故罪

CHAPTER 2

第二章

我相信白纸黑字——劳动合同篇

1. 用人单位未与劳动者签订劳动合同应向劳动者 支付双倍工资

【权利提示】用人单位未与劳动者签订书面劳动合同的，应当自用工之日起第 2 个月开始向劳动者支付双倍工资。自用工之日起超过 1 年未与劳动者签订书面劳动合同的，视为用人单位与劳动者订立无固定期限劳动合同，且应当自应订立无固定期限劳动合同之日起向劳动者支付双倍工资。

【关键词】用工之日　书面劳动合同　双倍工资

【维权案例】

陈南 2013 年 3 月 1 日入职广州市安骐汽车用品有限公司。入职时陈南填写了《员工入职表》，其中有陈南的基本情况及其工作岗位、试用期工资等内容。2013 年 12 月 31 日，陈南辞职，双方就支付未签劳动合同双倍工资发生争议。陈南向当地劳动争议仲裁委员会申请仲裁，要求安骐公司支付未签劳动合同双倍工资差额共计 3 万余元。

在劳动争议仲裁委员会开庭审理过程中，用人单位安骐公司提交了陈南的《员工入职表》，认为该文件应视为双方已经签订劳动合同，主张不支付陈南双倍工资。劳动争议仲裁委员会认为，用人单位应按《劳动合同法》有关规定与劳动者签订书面劳动合同，《员工入职表》缺少劳动合同必备条款，不能被视为书面劳动合同，因此裁决安骐公司应当向陈南支付未签劳动合同的双倍工资差额共计 3 万余元。

【案例评析】

我国《劳动合同法》规定用人单位招用劳动者时，应按照法律规定及时与劳动者签订书面劳动合同。书面劳动合同应当含有法定的必备条款，包括：用人单位的名称、住所和法定代表人或主要负责人；劳动者姓名、住址和身份证号；劳动合同期限；工作内容和工作地点；工作时间和休息休假；劳动报酬、社会保险、劳动保护、劳动条件和职业危害防护，等等。因此，《员工入职表》《招聘登记表》等因不具备劳动合同规定的要素，不能等同于劳动合同。

用人单位未及时与劳动者签订劳动合同应承担相应的法律后果，包括：①自用工之日起满1个月至1年期间应向劳动者支付双倍工资；②自用工之日起满1年仍未签订劳动合同的，视为已签订无固定期限劳动合同，等等。

【维权图解】用人单位未与劳动者订立书面劳动合同的法津后果

1. 订立书面劳动合同的时间——自用工之日起1个月内
2. 自用工之日起超过1个月未订立书面劳动合同的后果：
(1) 超过1个月不满1年未签合同的，支付双倍工资；
(2) 超过1年的，视为订立无固定期限劳动合同。

图表7　用人单位未与劳动者订立书面劳动合同的法律后果

2. 用人单位未与劳动者签订书面劳动合同如何确认劳动关系？

【权利提示】用人单位未与劳动者签订书面劳动合同，但劳动者有证据证明其在用人单位工作的，劳动者与用人单位之间形成事实劳动关系，用人单位应当自用工之日起的第2个月开始向劳动者支付双倍工资并承担其他用工责任。

【关键词】书面劳动合同　确认劳动关系　病假工资　双倍工资
【维权案例】

刘文胜2011年入职高迪公司从事司机工作，每月工资为3500元。高迪公司没有与刘文胜签订书面劳动合同，也没有为刘文胜缴纳社会保险。2013年8月31日，刘文胜因病请休病假，高迪公司停发了刘文胜的工资。刘文胜要求高迪公司在其医疗期内继续发放工资，高迪公司拒绝，双方发生纠纷。

刘文胜向当地劳动争议仲裁委员会提出劳动仲裁申请，要求确认刘文胜与高迪公司之间存在劳动关系，同时要求高迪公司支付未签劳动合同的双倍工资、工作期间的加班工资、补发病假工资、赔偿社会保险损失等。

刘文胜为证明其与高迪公司之间存在劳动关系及工资、加班等事实，向劳动仲裁庭提交了工作牌、考勤卡、有刘文胜签名的洗车记录单、刘文胜与高迪公司法定代表人罗月萍工作往来的电子邮件及短信等，同时，刘文胜还让曾在高迪公司工作的两名同事贾波、唐元福出庭作证，证明刘文胜在高迪公司工作的事实。

劳动仲裁庭根据刘文胜提交的证据查明了事实。仲裁庭认为，刘文胜自2011年3月1日到高迪公司工作的事实成立，高迪公司没有与刘文胜签订书面劳动合同，但高迪公司与刘文胜之间存在事实劳动关系。由于未与劳动者签订书面劳动合同，高迪公司应当支付刘文胜2011年4月1日至2012年2月29日期间的双倍工资。自2013年9月1日起，刘文胜开始休病假，高迪公司在刘文胜的医疗期内不得解除劳动关系，且应支付刘文胜病假期间的工资。因此，劳动仲裁庭裁决支持刘文胜的双倍工资、病假工资请求，但刘文胜主张的加班事实、社会保险损失等因没有充分证据证明未获支持。此后高迪公司不服仲裁裁决向法院提起诉讼，法院经审理后驳回了高迪公司的诉讼请求。

【案例评析】

在实践中，一些用人单位不与劳动者签订书面劳动合同，在仲裁和诉讼期间不承认与劳动者存在事实劳动关系，劳动者如果不能提供有效证据证明存在劳动关系，要想通过仲裁和诉讼维护自身合法权益存在一定困难。因此，在劳动者工作期间如果用人单位不签劳动合同、不缴纳社会保险，为了能更好地维护自身权益，劳动者应该注意保存相关证据材料。根据原劳社部发〔2005〕12号文件的精神，劳动者的工作证、牌，工作服等实物证据，签到表、签名表、工作交接单、工资条、工资发放记录、医院病例、报警记录等书证，录音、录像等视听资料，单位同事的证人证言等等，都可以作为证明存在事实劳动关系的证据。劳动者应在仲裁或诉讼开庭之前或者开庭之时提交相关证据，仲裁庭或法庭在开庭过程中要让劳动者与用人单位对相关证据进行举证质证，最终结合当事人陈述、法庭调查情况判断是否存在劳动关系。由于在证明是否存在劳动关系方面，劳动者承担更多的举证责任，因此，在工作期间注意保存相关证据对劳动者的维权十分重要。

【维权图解】证明存在劳动关系的证据

> 1. 实物证据——工作证、工作牌、工作服、考勤卡
> 2. 书　　证——签到表、签名表、工作交接单、工资条、工资发放银行对账单、医院病例、报警记录、询问笔录
> 3. 视听资料——录音、录像、照片
> 4. 言词证据——单位同事证人证言

图表 8　证明存在劳动关系的证据

3. 劳动合同的试用期应当怎样确定？

【权利提示】用人单位不得违反法律规定约定试用期，否则该约定无效，劳动者有权要求用人单位按照非试用期标准支付劳动报酬。

【关键词】书面劳动合同　试用期　工资标准　赔偿金

【维权案例】

赵开发 2014 年 3 月 8 日进步辉煌电力公司工作，双方签订一份《试用合同书》，约定试用合同期限 1 个月，试用期 1 个月，岗位为驾驶员，月薪为 2000 元。合同期间辉煌电力公司未对赵开发进行考勤，未为赵开发缴交在职期间的社会保险。2014 年 4 月 6 日，赵开发要求调休未获批准，4 月 7 日赵开发领取劳动报酬 2000

元后离开辉煌电力公司，双方发生纠纷，赵开发遂申请劳动仲裁。劳动争议仲裁委员会裁决辉煌电力公司一次性支付赵开发违法解除劳动合同的赔偿金 2000 元；为赵开发补缴自 2011 年 3 月社会保险费的应缴部分，个人应缴部分由赵开发自行承担；驳回赵开发的其他申请请求。

辉煌电力公司不服该裁决诉至法院，法院经审理后认为，根据我国《劳动合同法》的规定，劳动合同期限不满三个月的，不得约定试用期。试用期包含在劳动合同期限内，劳动合同仅约定试用期的，试用期不成立，该期限为劳动合同期限。本案双方签订的《试用合同书》约定合同期限为 1 个月，试用期 1 个月，该试用期不能成立，原试用期为劳动合同期限。辉煌电力公司以赵开发在试用期不符合录用条件为由解除与赵开发的劳动合同，属于违法解除劳动合同，应当依照经济补偿标准的 2 倍向劳动者支付赔偿金。法院最终据此驳回辉煌电力公司的诉讼请求。

【案例评析】

本案涉及劳动合同的试用期约定的问题。在实践中，由于试用期内可随时解除劳动合同，用人单位与劳动者之间在试用期内的劳动关系尚处于不完全确定状态。因此，有些用人单位存在滥用试用期规定的情形，具体表现在以下几个方面：①用人单位在试用期内不与劳动者签订劳动合同，或者只单独签订一个试用期合同；②用人单位与劳动者约定的试用期结束后，以劳动者不符合用人单位要求为由延长或再约定一个试用期；③用人单位随意地、没有任何理由地解除与劳动者在试用期内的劳动合同；④用人单位与劳动者签订试用期合同，内容严重违法。

《劳动合同法》为避免用人单位滥用试用期侵犯劳动者的权益，对劳动合同试用期进行了限制，具体包括三个方面：①限制适用试用期的期间。劳动合同期限 3 个月以上不满 1 年的，试用期不得超过 1 个月；劳动合同期限 1 年以上不满 3 年的，试用期不得超过 2 个月；3 年以上固定期限和无固定期限劳动合同试用期不得超过 6 个月。劳动合同仅约定试用期的，试用期不成立，该期限为劳动合同期限。②限制适用试用期的次数。同一用人单位与同一劳动者，只能约定一次试用期。③限制适用试用期的范围。以完成一定工作任务为期限的劳动合同或者劳动合同期限不满3个月的，不得约定试用期。④限定试用期包含在劳动合同期限内的关系。试用期属于劳动合同期包含的组成部分，包含在劳动合同期限中，理应短于劳动合同期限。劳动合同约定的劳动合同期限与试用期相同的，试用期不成立，该期限为劳动合同期限。

用人单位有理由和证据认为劳动者在试用期不符合录用条件的，可以与劳动者解除劳动合同。但是，如果用人单位没有理由证明劳动者不符合录用条件而随意与劳动者解除劳动合同，则属于违法解除劳动合同，劳动者要求继续履行劳动合同的，用人单位应当继续履行。劳动者不要求继续履行劳动合同或劳动合同不能继续履行的，用人单位应依经济补偿金标准的2倍向劳动者支付赔偿金，用人单位支付赔偿金后，劳动合同解除或终止。

【维权图解】劳动合同试用期的期限

1. 试用期包含在劳动合同期限内。
2. 试用期的期限根据劳动合同期限计算：

劳动合同类型	劳动合同期限	试用期期限
完成工作任务为期限		不得约定试用期
固定期限劳动合同	3个月以内	不得约定试用期
	3个月~1年	不得超过1个月
	1年~3年	不得超过2个月
	3年以上	不得超过6个月
无固定期限劳动合同		不得超过6个月

3. 试用期等于劳动合同期限的，试用期不成立。

图表9　劳动合同试用期的期限

4. 劳动者连续工作满十年有权要求签订无固定期限劳动合同

【权利提示】劳动者在用人单位连续工作满 10 年，有权要求用人单位与其签订无固定期限劳动合同，用人单位不与劳动者订立无固定期限劳动合同的，应自应当订立无固定期限劳动合同之日起向劳动者支付双倍工资。

【关键词】连续工作满十年　无固定期限劳动合同　双倍工资

【维权案例】

张大奎 2001 年 6 月 18 日起到某淀粉公司工作，双方于 2001 年至 2007 年每年的 6 月 18 日均签订一次期限为 1 年的劳动合同。张大奎先后担任过技工、操作员和磨刀工。双方又于 2008 年 6 月 18 日签订了自 2008 年 6 月 18 日至 2011 年 6 月 17 日的劳动合同，张大奎担任工务组工作。2011 年 5 月 20 日，张大奎向公司提出在 2011 年 6 月 17 日合同期满后续签无固定期限劳动合同的要求。6 月 10 日，张大奎再次提出续签无固定期限劳动合同的要求。6 月 14 日，公司书面通知张大奎，双方于 2008 年 6 月 18 日签订的劳动合同到期后，不再续签劳动合同。6 月 18 日，张大奎即不被允许进入公司。6 月 24 日，张大奎向仲裁委提起仲裁，要求某淀粉公司与其签订无固定期限劳动合同。仲裁裁决某淀粉公司应于最后一期劳动合同期满后，与张大奎签订无固定期限劳动合同。淀粉公司不服，提起诉讼。法院认为，张大奎至 2011 年 6 月 17 日在淀粉公司连续工作满十年，符合《劳动合同法》规定订立无固定期限劳动合同的条件，只要张大奎提出，无需合意，某淀粉公司即应与之签订无固定期限劳动合同。法院判决驳回了某淀粉公司的诉讼请求。

【案例评析】

为了倡导用人单位与劳动者建立稳定的劳动关系，我国劳动法律设立了无固定期限劳动合同制度。所谓无固定期限劳动合同，是指用人单位与劳动者约定无确定终止时间的劳动合同。无固定期限劳动合同并非劳动者的"铁饭碗"，这种劳动合同的特点仅在于终止时间在合同中不约定，终止或解除的条件限制比较严格，而并非不可终止或解除。在符合法定条件的情形下，无固定期限同样是可以解除或终止的，如劳动者严重违反规章制度，严重失职、营私舞弊导致用人单位遭受重大损失等。另外，无固定期限劳动合同在用人单位与劳动者协商一致的情况下也是可以解除的。许多用人单位误认为无固定期限劳动合同是"铁饭碗"，会影响用人单位的用工自主权和管理权，因此，采取各种手段，如提前通知、缩短末期合同期限等手段来规避与劳动者签订无固定期限劳动合同的法定义务，殊不知此种行为已经侵犯了劳动者的合法权益。

【维权图解】 订立无固定期限劳动合同的情形

1. 用人单位与劳动者协商一致可以订立无固定期限劳动合同。

2. 劳动者提出或同意续订、订立劳动合同，除劳动者提出订立固定期限劳动合同外，应当订立无固定期限劳动合同：

（1）劳动者在该用人单位连续工作满10年的；

（2）用人单位初次实行劳动合同制度或者国有企业改制重新订立劳动合同时，劳动者在该用人单位连续工作满10年且距法定退休年龄不足10年的；

（3）连续订立2次固定期限劳动合同，且劳动者没有严重违法、违纪或者在医疗期结束后或经调岗后不能胜任工作的。

3. 用人单位自用工之日起满1年不与劳动者订立劳动合同。

图表10　订立无固定期限劳动合同的情形

我国《劳动合同法》规定的无固定期限劳动合同签订方式有两种：其一为约定制，即用人单位与劳动者协商一致可以订立无固定期限劳动合同；其二为法定制，即符合《劳动合同法》第14条所规定的条件时，只要劳动者提出订立无固定期限劳动合同，用人单位必须与劳动者订立,无需劳动者与用人单位协商一致。当然,如果劳动者提出订立固定期限劳动合同的,用人单位也可以与其订立固定期限劳动合同。另外,《劳动合同法》中还规定了惩罚性的无固定期限劳动合同制度,即用人单位自用工之日起满1年不与劳动者订立书面劳动合同的,视为用人单位与劳动者已订立无固定期限劳动合同。

5. 劳动者伪造学历被用人单位辞退

【权利提示】劳动者以伪造学历等欺诈手段使用人单位在违背真实意思的情况下订立的劳动合同无效,用人单位有权单方解除劳动合同,劳动者无权要求用人单位支付经济赔偿金。

【关键词】伪造学历 欺诈 劳动合同无效 合法解除劳动合同

【维权案例】

唐茂森2012年应聘进入冠龙公司工作。根据招聘要求,唐茂森入职时向公司提交了其毕业于西安工业学院材料工程系的学历证明,并与公司签订了期限为2012年3月1日至同年12月31日的劳动合同。此后双方每年续签一份期限为1年的劳动合同。2014年9月,唐茂森被任命为部门经理时签署《任职承诺书》一份,其中包括"本人作为冠龙公司的员工,特作如下承诺:……本人以往提交给公司的个人材料均是真实有效的,如有做假,愿意无条件被解除合同……"的内容。冠龙公司《员工手册》第34条规定:"员工有下列任一严重违反公司规章制度情况的,公司予以解雇,且不给予任何经济补偿:……(2)以欺骗手段虚报专业资格或其他各项履历。"2014年11月,唐茂森的主管领导马新宇通过他人举报得知并证实唐茂森存在学历造假问题,但马新宇并未向冠龙公司上报该问题。2015年3月1日,冠龙公司与唐茂森续签为期1年的劳动合同。2015年6月,冠龙公司以唐茂森求职时学历造假存在欺诈为由,与唐茂森解除劳动关系。唐茂森不服,认为冠龙公司违法解除劳动合同,遂提起劳动仲裁,要求冠龙公司支付违法解除劳动合同赔偿金7万余元。

仲裁委审理期间，冠龙公司提交了西安工业学院出具的证明，该校教务处在冠龙公司出具的由唐茂森提供的毕业证书复印件上书写"2010届毕业生中无此人"的证明字样并盖章确认。冠龙公司主张唐茂森求职时学历造假，以欺诈手段使冠龙公司在违背真实意思的情况下订立劳动合同，该劳动合同是无效的，冠龙公司有权解除劳动合同，并且不支付经济赔偿金。

仲裁委经审理后认为，唐茂森存在冠龙公司所述提供虚假学历、故意欺骗的行为，确属违反法律、企业规章及双方约定，冠龙公司以此为由与唐茂森解除劳动合同不属于违法解除劳动合同。因此，仲裁委裁决驳回唐茂森的仲裁请求。

【案例评析】

本案争议的焦点在于劳动者伪造虚假学历是否构成用人单位合法解除劳动合同的理由。我国《劳动法》明确规定，采取欺诈、威胁等手段订立的劳动合同无效；而《劳动合同法》在立法上进一步明确规定了劳动者的如实说明义务，并且第26条、第39条明确规定，以欺诈的手段使对方在违背真实意思的情况下订立的劳动合同是无效的，用人单位可以据此解除劳动合同。欺诈的重要认定标准之一是相对人是否基于行为人的行为陷入错误认识，作出错误的意思表示。本案中，唐茂森在入职时提供虚假学历并做虚假陈述，使冠龙公司陷入错误认识，从而与其签订劳动合同，上述事实客观存在，唐茂森的上述行为显然已经构成了欺诈。而冠龙公司《员工手册》第34条规定，员工以欺骗手段虚报专业资格或其他各项履历，公司将予以解雇，且不给予任何经济补偿。因此，仲裁委驳回唐茂森的仲裁请求于法有据。

学历造假、履历造假、年龄造假等现象在劳动者求职过程中普遍存在，这些诚信缺失的行为不仅构成对用人单位的欺诈，影响其用工自主权和正常的经营管理，而且也破坏了社会的公平正义。劳动者以造假等欺骗手段与用人单位签订劳动合同，在短期内可以获得工作机会，但该种劳动合同是无效的，用人单位一旦发现就会有合法的理由与劳动者解除劳动合同，届时劳动者不仅仅会失去工作，而且由于诚信的缺失会导致再次就业存在很大阻力和困难。因此，劳动者在求职和就业过程中应当重视个人诚信。

6. 劳动者因自身原因不签劳动合同主张双倍工资被驳回

【权利提示】用人单位主动与劳动者签订书面劳动合同是其法定义务，如果用人单位不与劳动者签订书面劳动合同，劳动者可以要求用人单位支付双倍工资。但是，如果劳动者因自身原因不签订劳动合同，则违背诚信原则，无权要求用人单位支付双倍工资。

【关键词】书面劳动合同 劳动者不签订 双倍工资

【维权案例】

2012 年 5 月 11 日，周东林签署某广告公司的《员工登记表》后于 5 月 14 日起开始工作，主要从事人事管理工作。6 月 10 日，公司法定代表人王某将劳动合同文本自 QQ 上传给周东林，让其办理为新员工订立劳动合同的事项。2012 年 11 月 21 日，劳动监察机构来公司核查用工资料，公司让周东林整理相关资料用于检查，发现资料中没有周东林自己的劳动合同。公司让周东林签订劳动合同，但周东林拖延签订。公司表示，如果周东林不肯签，将无法继续与其维持用工关系。同日，周东林离职。

因双方对退工事由不能达成一致意见，周东林诉至劳动争议仲裁委员会，提出裁决广告公司支付未签订书面劳动合同的双倍工资等要求。仲裁委经审理后认为，广告公司法定代表人将劳动合同文本在 QQ 上传给周东林，让其为新员工签订劳动合同，说明该公司与劳动者签订劳动合同的意愿明确，而为员工签订劳动合同本身就是周东林的工作职责之一，其不为自己签订劳动合同不能归责于公司，故仲裁委没有支持周东林要求公司支付双倍工资的主张。

【案例评析】

用人单位与劳动者签订书面劳动合同是其法定义务，但是，劳动合同也是用人单位与劳动者双方协商一致才能签订的，如果用人单位有签订劳动合同的意愿，但劳动者因自身原因不愿意签订劳动合同，最后又以未签订劳动合同为由主张双倍工资，则违背了诚信原则，很难通过仲裁或诉讼维权获得支持。

本案中作为公司负责人事管理的职工，周东林负有代表公司与劳动者签订书面劳动合同的职责。在公司明确发出为新员工签订劳动合同的工作指令后，其不与自己签订，事后又以公司未与其签订书面劳动合同为由来主张双倍工资，是不会获得支持的。因为其行为违反了《劳动合同法》第3条关于诚实信用的原则，而且《劳动合同法》关于支付双倍工资请求权的构成要件之一是须用人单位在主观上有不与劳动者签订书面劳动合同的故意。在劳动者拒绝签订书面劳动合同的情形下，用人单位有权将其辞退。

所以，劳动者不能误以为在任何情况下用人单位不与其签订劳动合同都可以主张双倍工资，更不能故意拖延不签劳动合同并试图通过主张双倍工资获得不当得利。劳动者维护自身权利既需要有法律依据，也应当遵循诚信原则，否则难以获得支持。

当然，在实践中，有些用人单位不与劳动者签订劳动合同，在劳动者主张双倍工资时，用人单位却声称是劳动者基于自身原因不签书面劳动合同，所以，不同意支付劳动者的双倍工资。对这种情况，在仲裁和诉讼程序中，需要由用人单位承担举证责任，也就是说，用人单位必须提交充分的证据证明，用人单位向劳动者提出过签订书面劳动合同的意向，劳动者的确是由于自身原因明确予以拒绝。如果用人单位不能举证或证据不充分，仲裁委或法院不能认定是劳动者由于自身原因不签书面劳动合同，劳动者的主张或诉求就能得到支持。

7. 用人单位以调岗变相辞退员工被判支付经济补偿金

【权利提示】 用人单位调整劳动者的工作岗位是对劳动合同的变更，如果调岗明显不合理，并非生产经营需要、工资水平降低或带有惩罚性、侮辱性，劳动者有权单方解除劳动合同并要求用人单位支付经济补偿金。

【关键词】 调岗　合理性　经济补偿金

【维权案例】

章兰于 2000 年 10 月进入广州市某电器厂从事清洁与煮饭工作。2011 年 8 月，电器厂将 47 岁的章兰调至车间做数控车床工，章兰因其年龄和文化程度等原因不同意调动，也未再回该厂上班。双方就解除劳动合同经济补偿金发生争议。

法院审理认为，章兰自入职电器厂以来，一直从事清洁与煮饭工作，现该厂单方调整其工作岗位，未经双方协商一致，且两个工作岗位的工作要求、内容、性质均发生重大变化。该岗位调整实际上改变了双方当初建立劳动关系的目的，章兰以用人单位没有按约定提供劳动条件为由解除双方的劳动合同并主张经济补偿金，符合法律规定，故判决电器厂向章兰支付解除劳动关系的经济补偿金 2 万多元。

【案例评析】

本案属于变更劳动合同引发的劳动争议。根据《劳动合同法》第 35 条的规定，用人单位与劳动者协商一致，可以变更劳动合同约定的内容。这说明，劳动合同约定的内容可以变更，但须用人单位与劳动者协商一致。用人单位调整劳动者的工作岗位属于对劳动合同的变更，因此在通常情况下应当征得劳动者的同意。但是，法律为了尊重用人单位的用工自主权及经营管理权，允许用人单位在合理的范围内单方调整劳动者的工作岗位，劳动者应当服从用人单位的岗位调整安排，不能随意解除劳动合同，或者即便因此而解除劳动合同亦无法获得经济补偿。

然而，用人单位调整劳动者的工作岗位应具备充分合理性，其用工自主权应在合法合理的范围内行驶。本案用人单位单方调整劳动者的工作岗位，表面上看没有降低劳动者工资待遇，也不具有侮辱性及惩罚性，但实际上劳动者并没有能力胜任新岗位，用人单位是变相辞退劳动者，劳动者被迫提出解除劳动合同，因此用人单位应支付解除劳动合同的经济补偿金。

【维权图解】 劳动者辞职可以要求用人单位支付经济补偿金的情形

用人单位存在以下情形致使劳动者提出解除劳动合同：

1. 未按照劳动合同约定提供劳动保护或者劳动条件的；

2. 未及时足额支付劳动报酬的；

3. 未依法为劳动者缴纳社会保险费的；

4. 用人单位的规章制度违反法律、法规的规定，损害劳动者权益的；

5. 用人单位以欺诈、胁迫的手段或乘人之危，使劳动者在违背真实意思的情况下订立或者变更劳动合同致使劳动合同无效的；

6. 用人单位以暴力、威胁或者非法限制人身自由的手段强迫劳动的；

7. 用人单位违章指挥或者强令冒险作业危及劳动者人身安全的；

8. 侮辱、体罚、殴打、非法搜查或者拘禁劳动者的；

9. 劳动条件恶劣、环境污染严重，给劳动者身心健康造成严重损害的；

10. 法律、行政法规规定劳动者可以解除劳动合同的其他情形。

图表 11　劳动者辞职可以要求用人单位支付经济补偿金的情形

【维权图解】用人单位提出解除劳动合同时劳动者有权要求支付经济补偿金的情形

```
    1. 用人单位向劳动者提出并与劳动者协商一致解除劳动
合同的；
    2. 劳动者患病或者非因工负伤，在规定的医疗期满后不
能从事原工作，也不能从事由用人单位另行安排的工作的；
    3. 劳动者不能胜任工作，经过培训或者调整工作岗位，
仍不能胜任工作的；
    4. 劳动合同订立时所依据的客观情况发生重大变化，致
使劳动合同无法履行，经用人单位与劳动者协商，未能就变更
劳动合同内容达成协议的；
    5. 用人单位依照企业破产法规定进行重整的。
```

图表 12　用人单位提出解除劳动合同时劳动者有
权要求支付经济补偿金的情形

【维权图解】劳动合同终止时劳动者可以要求用人单位支付经济补偿金的情形

```
    1. 劳动合同期满时，除用人单位维持或者提高劳动合同
约定条件续订劳动合同，劳动者不同意续订的情形以外，用人
单位应向劳动者支付经济补偿金；
    2. 用人单位被依法宣告破产的；
    3. 用人单位被吊销营业执照、责令关闭、撤销或者用人
单位决定提前解散的。
```

图表 13　劳动合同终止时劳动者可以要求用人单位支付经济补偿金的情形

8. 企业搬迁劳动者可不履行劳动合同

【权利提示】用人单位搬迁使劳动合同订立时的客观情况发生

重大变化，如果劳动者不愿意随同企业搬迁变更工作地点，因此导致劳动合同无法继续履行，劳动者和用人单位都可以单方提出解除劳动合同，并且劳动者有权要求用人单位支付经济补偿金。

【关键词】企业搬迁　劳动合同变更　解除劳动合同　经济补偿金

【维权案例】

周陆青于2007年12月入职苏州某电子公司工作，双方签订无固定期限劳动合同，约定周陆青在A生产区工作。后根据产业规划调整需要，电子公司整体搬迁到B工业园。电子公司多次就搬迁事宜与员工协商。周陆青等19名员工认为，客观情况发生重大变化，由于家庭和上班路途不方便等原因不愿到新厂区上班。后因劳资双方协商未果，电子公司解除劳动合同。周陆青诉至法院，要求电子公司支付经济补偿金。

法院经审理认为，在双方未能就变更劳动合同内容达成协议的情况下，周陆青等19人对电子公司随厂搬迁继续履行劳动合同的要求有权拒绝，故法院判决电子公司支付周陆青经济补偿金合计2.4万元。

【案例评析】

劳动合同约定的工作地点发生变化属于劳动合同的变更，用人单位应当与劳动者协商一致。如果双方无法达成一致意见，用人单位可以根据《劳动合同法》第40条第3项的规定解除劳动合同，即"劳动合同订立时所依据的客观情况发生重大变化，致使劳动合同无法履行，经用人单位与劳动者协商，未能就变更劳动合同内容达成协议的"。劳动者也可以据此解除劳动合同。但是，无论用人单位还是劳动者提出解除劳动合同，用人单位都应当依法向劳动者支付经济补偿金。

本案中电子公司因政府规划整体搬迁至B工业园，A地与B地两地空间距离较远，客观上显著增加劳动者上下班时间，亦存在上下班交通不便因素，应认定劳动合同订立时所依据的客观情况发生重大变化。周陆青有选择的权利，可以选择与公司继续履行劳动合同，也可以选择不继续履行劳动合同。周陆青选择不继续履行劳动合同时，用人单位应当根据周陆青的月工资标准和工作年限向其支付经济补偿金。

【维权图解】 用人单位可以单方解除劳动合同的情形

1. 用人单位与劳动者协商一致；

2. 劳动者在试用期间被证明不符合录用条件；

3. 劳动者严重违反用人单位的规章制度；

4. 劳动者严重失职，营私舞弊，给用人单位造成重大损害；

5. 劳动者同时与其他用人单位建立劳动关系，对完成本单位工作任务造成更严重影响，经用人单位提出，拒不改正；

6. 劳动者以欺诈、胁迫的手段或乘人之危，使用人单位在违背真实意思的情况下订立或者变更劳动合同；

7. 劳动者被依法追究刑事责任；

8. 劳动者患病或者非因工负伤，在规定的医疗期满后不能从事原工作，也不能从事由用人单位另行安排的工作；

9. 劳动者不能胜任工作，经过培训或者调整工作岗位，仍不能胜任工作；

10. 劳动合同订立时所依据的客观情况发生重大变化，致使劳动合同无法履行，经用人单位与劳动者协商，未能就变更劳动合同内容达成协议；

11. 用人单位依照企业破产法规定进行重整；

12. 用人单位生产经营发生严重困难；

13. 企业转产、重大技术革新或者经营方式调整，经变更劳动合同后，仍需裁减人员；

14. 其他因劳动合同订立时所依据的客观情况发生重大变化，致使劳动合同无法继续履行。

图表 14　用人单位可以单方解除劳动合同的情形

9. 用人单位法定代表人或股东变更不影响劳动合同的履行

【权利提示】在劳动用工关系中，用人单位名称、法定代表人、负责人等事项变更不影响劳动合同的履行，劳动者有权要求用人单位继续履行劳动合同并承担用工责任。

【关键词】用人单位事项变更　劳动合同履行

【维权案例】

李福来是某新型材料公司的员工，双方于2011年4月10日续签为期2年的劳动合同。新型材料公司没有为李福来办理工伤保险。2012年3月8日4时50分左右，李福来在切割机西边挂钩区清理垃圾时被从行车上脱落的铁模框砸伤，后经抢救无效死亡。2012年6月24日，人社部门作出工伤认定决定书，认定李福来受到事故伤害为工伤。李福来的妻子刘东妹诉至法院，请求判令该新型材料公司赔付李福来的工伤保险待遇。在案件审理期间，新型材料公司辩称，李福来2012年3月8日因工受伤，而公司现所有人是在2012年6月1日从原法定代表人处接手的，故对之前发生的事情并无责任。法院认为，用人单位变更名称、法定代表人、主要负责人等事项，不影响工伤保险责任承担，遂判决支持刘东妹的诉讼请求。

【案例评析】

用人单位法定代表人或者股东发生变更，只是其内部的组织结构发生了变化，并不影响企业对外民事责任的承担。因此，我国《劳动合同法》第33条规定："用人单位变更名称、法定代表人、主要负责人或者投资人等事项，不影响劳动合同的履行。"本案中新型材料公司现在的法定代表人或者股东如果以争议的事件发生在其接手之前为由，主张不对劳动者承担用工责任，是不会得到法院支持的。

在实践中，有些用人单位试图通过变更名称、法定代表人或股东的方式逃避法律责任，包括逃避对劳动者的用工责任，特别是当劳动者出现工伤事故的时候，这种现象更为普遍。通过本案，劳动者可以知道当用人单位发生上述变更的时候，并不会影响劳动者按照法律或劳动合同的规定主张各种权利。

10. 用人单位应当按劳动合同约定提供劳动条件

【权利提示】 用人单位没有按劳动合同约定提供劳动条件，劳动者有权单方解除劳动合同并要求用人单位支付经济补偿金。

【关键词】 劳动条件　解除劳动合同　经济补偿金

【维权案例】

刘金辉与某实业公司于 2010 年 11 月 2 日签订劳动合同，约定刘金辉负责公司产品在大陆制定区域的推广和销售，其工资为每月固定工资加销售奖金，在合同整个初始期间（3 年）所获得的年度奖金不低于 25 万元/年。2012 年 4 月 13 日，公司向刘金辉发出《上岗地点变动通知书》，载明"因内部调整，经公司研究决定刘金辉自 4 月 14 日起开始在家办公，至公司通知回厂上班之日止，在家办公期间待遇不变。请于收到通知当日交还公司车辆、加油卡、办公手机和门卡等个人使用的公司财物"。此后刘金辉未再至公司上班。2012 年 5 月 29 日，刘金辉向公司发出解除劳动合同通知，提出因公司拒绝其上班、拖欠工资，双方的劳动合同于 30 日后正式解除。随后，刘金辉诉至法院，请求判令公司支付解除劳动合同补偿金。

法院认为，实业公司向刘金辉发出《上岗地点变动通知书》要求其在家办公，但未举证证明具体事由，虽然表示待遇不变，但同时又要求刘金辉交还公司车辆、加油卡、办公手机和门卡等物品，实际使刘金辉作为销售人员已无法开展正常销售工作，亦无法获得作为主要收入来源的销售提成，已构成未按照劳动合同约定提供劳动条件的情形，应向刘金辉支付解除劳动合同的经济补偿金。

【案例评析】

用人单位与劳动者签订劳动合同时应当约定劳动条件条款，并应当按约定提供劳动条件。因用人单位未按照约定提供劳动条件造成劳动者无法提供劳务而不得不提出辞职的，用人单位应当按《劳动合同法》第 46 条的规定支付经济补偿金。因为对于劳动合同的解除，虽然是由劳动者一方提出，但劳动者辞职并非出于行使法律赋予的择业权，而是由于用人单位不提供劳动条件造成劳动合同无法履行而被迫提出，故用人单位不能以劳动者主动辞职为由，主张不承担支付经济补偿金的责任。

我劳动要有报酬——劳动报酬篇

1. 用人单位不能随意对劳动者进行罚款

【权利提示】 用人单位没有对劳动者的经济处罚权，用人单位可以通过绩效考核的方式扣减劳动者的工资，但劳动者得到的基础工资和扣减后的工资总和不应低于当地最低工资标准，否则劳动者有权要求用人单位退回罚款，或者补偿未达到最低工资标准的工资。

【关键词】 实发工资　最低工资标准　补偿

【维权案例】

周小舟从2007年开始在青岛一家厨具公司的开料车间工作。2015年的一天，公司管理人员在巡查开料车间的时候发现周小舟随手将一块异形板材和两块长形板材锯断成小块，公司认为上述板材存在利用价值，周小舟的行为损害了公司利益，于是于次日作出处罚通报，对周小舟罚款800元并予以辞退。周小舟不服，先是申请仲裁，后又到法院起诉。仲裁委员会和法院的裁判都一致，厨具公司处罚并解除劳动合同的行为违法，需向周小舟退还罚款800元，并按法律规定支付经济赔偿金。

【案例评析】

《劳动法》与《劳动合同法》倡导建立地位平等、管理民主的劳动合同关系，没有授予用人单位带有行政色彩的对劳动者的经济处罚权。也就是说，现在某些用人单位在内部规章制度或员工手册中规定对员工的违规行为采取罚款的方式进行处理缺乏法律依据，因此法院判决厨具公司退回罚款。

虽然用人单位没有经济处罚权，但现行《劳动法》和《劳动合同法》并为排斥用人单位通过与经济挂钩的方式行使劳动管理权。用人单位可以运用基础工资加绩效工资相结合的方式，将其对出勤、安全、质量、劳动纪律等方面的要求纳入绩效考核。但应当注意的是，劳动者得到的基础工资以及扣减后工资总和不应低于当地最低工资。在本案中，厨具公司对周小舟的罚款没有法律依据被判退回，但即便厨具公司以绩效考核的方式扣除周小舟的绩效工资800元，周小舟当月的工资总和仅为1400元，低于青岛当地1600元的最低工资标准，因此，厨具公司的做法也是违法的。

【维权图解】用人单位可以扣除劳动者工资的情形

> 1. 法律法规中有明确规定的：
> （1）劳动者应当缴纳的个人所得税；
> （2）劳动者个人应当负担的各项社会保险费用；
> （3）劳动者应当缴纳的住房公积金；
> （4）法院判决、裁定中要求代扣的抚养费、赡养费；
> （5）因劳动者本人原因给用人单位造成经济损失的，用人单位可按照劳动合同的约定要求其赔偿经济损失。经济损失的赔偿，可从劳动者本人的工资中扣除，但每月扣除的部分不得超过劳动者当月工资的20%。若扣除后的剩余工资部分低于当地月最低工资标准，则按最低工资标准支付。
> 2. 依法签订的劳动合同中有明确约定的。
> 3. 用人单位依法制定并经职工代表大会或职工大会批准的规章制度中有明确规定的。
> 4. 企业工资总额与经济效益相联系，经济效益下浮时，工资必须下浮的（但支付给劳动者的工资不得低于当地最低工资标准）。
> 5. 劳动者请假等相应减发工资。但是，劳动者在享受法定年休假、探亲假、婚假、丧假等休假和产假、哺乳假等假期期间，用人单位不得减发劳动者的工资。

图表15　用人单位可以扣除劳动者工资的情形

最低工资制度是国家对劳动者获得劳动报酬和基本收入的保障

制度，使劳动者能够共享社会和企业发展的成果。最低工资标准通常由各地方政府根据当地经济发展水平确定，并且会随着经济发展而不断提高。用人单位向劳动者发放的工资总和不得以任何理由低于当地最低工资标准，否则，劳动者有权要求用人单位补发未达到最低工资标准的工资。

2. 用人单位以考核未达标为由扣发绩效工资被判补发和赔偿

【权利提示】劳动者已经付出劳动，用人单位应当按照约定支付劳动报酬，绩效工资是劳动报酬的形式之一，用人单位的考核程序与考核标准的制定和落实未履行法定程序、不能证明劳动者在工作中存在重大过失、过错给单位造成严重经济损失的情况下，不得扣发劳动者的绩效工资。

【关键词】绩效工资　绩效考核　经济补偿金

【维权案例】

姚延亮 2013 年 1 月 19 日入职北京某通信公司工作，同日，姚延亮与通信公司签订为期 3 年的劳动合同，约定姚延亮工作期间的税前工资为 33 333 元/月，工资构成为基本工资 20 000 元/月，绩效工资 13 333 元/月。通信公司按月每月 7 日以前以货币形式支付上月基本工资，绩效工资每半年根据公司考核结果统一发放一次。同时约定，通信公司可根据经营需要、姚延亮的工作岗位和工作任务的变化、工作业绩等调整其工资级别、结构和待遇。在工作期间，因通信公司未按劳动合同约定的期限支付工资，所以，姚延亮根据《劳动合同法》第 32 条的规定向通信公司发出解约信，要求解除劳动关系，并要求通信公司支付应发的绩效工资。通信公司同意解除劳动合同，但认为姚延亮工作期间绩效考核不达标不予支付绩效工资。姚延亮遂提起仲裁，后诉至法院，要求通信公司支付绩效工资并支付延迟发放工资经济补偿金。

法院经审理认为：通信公司与劳动者在劳动合同中约定劳动者

的工资构成为基本工资和绩效工资，并约定绩效工资每半年根据公司考核结果统一发放一次，但通信公司提供的考核表及绩效考核决议均系其自行制定，且考核依据不明确，对劳动者个人的工作业绩没有具体详细的考核标准，相关业绩标准在考核前未与劳动者达成一致意见。在劳动者不存在重大过失导致公司严重经济损失的情况下，生产经营的困难不能归责于劳动者，对劳动者已经付出的劳动应当按照约定足额支付劳动报酬。因此，法院判决通信公司支付劳动者要求的绩效工资及延迟支付工资25%的经济补偿金。

【案例评析】

原劳动部颁布的《工资支付暂行规定》第3条规定：工资是指用人单位依据劳动合同的规定，以各种形式支付给劳动者的工资报酬。因此，绩效工资应当是我国法定的劳动报酬形式之一。在本案中，姚延亮与通信公司在劳动合同书上已经明确约定工资构成为月基本工资和绩效工资，所以，绩效工资应当视为劳动者工资构成的重要组成部分。

绩效工资奖励机制的制定和落实，通常是企业为追求自身效益而自主决定的。但是，企业自主制定绩效工资制度，并不意味着企业对绩效考核计划、标准拥有最终决定权，绩效工资的奖励考核计划需履行法定程序，方可对用人单位和劳动者产生约束力。这些法定程序包括通过职工民主程序制定，向劳动者进行公示或告知等。否则，用人单位不能以自行制定的绩效工资标准和考核结果为依据拒绝向劳动者支付绩效工资。在本案中，用人单位通信公司所提供的绩效工资考核表及绩效考核决议均系其自制，而这些证据仅是考核结果，并非考核计划标准，在内容上也不明确，对劳动者个人工作业绩没有具体详细的考核分析，且未经过法定的职工民主程序，所以不能证实考核结果的客观性和真实性。

在实践中，用人单位也可以因劳动者的严重失职给用人单位造成严重经济损失而决定不支付绩效工资，但是，用人单位必须举证证明劳动者的重大过失、过错是导致用人单位遭受严重经济损失的直接原因。否则，劳动者已经付出的劳动，用人单位应当按照约定支付报酬，用人单位不能以经营困难等难以归咎于劳动者的理由进行抗辩。

3. 用人单位以抵债商品抵发工资被判违法

【权利提示】用人单位必须及时足额并以货币形式向劳动者支付劳动报酬，否则劳动者有权要求解除劳动合同，同时要求用人单位足额支付劳动报酬、加发相当于被拖欠的劳动报酬25%的经济补偿金以及解除劳动合同补偿金。

【关键词】劳动报酬 发放形式 经济补偿金

【维权案例】

韩金秀是青岛某销售公司的销售人员，2012年9月1日，韩金秀与销售公司签订为期三年的劳动合同，合同约定月工资为800元，奖金按销售业绩提成。2013年1月，销售公司以盘活公司资金的名义，决定当月以其他公司给销售公司用于抵债的商品抵发销售业绩提成。韩金秀上个月的销售业绩提成有8000多元，如果全部领取抵债商品作为工资，她就只能领到800元的基本工资，而这些抵债商品又不能及时变现，这样的话她这个月的生活费就成了问题。所以，韩金秀不同意领取抵债商品作为销售业绩提成，要求销售公司直接给她发货币工资。公司领导认为其他人都是领取了抵债商品，不能给韩金秀搞特殊，所以没有同意她的要求。韩金秀没有领取抵债商品，销售公司也没有给她发销售提成。2013年2月，韩金秀提起劳动仲裁，要求与销售公司解除劳动合同，并要求销售公司支付拖欠的销售业绩提成以及经济补偿金。

劳动仲裁委经审理认为，劳动者的销售业绩提成作为绩效工资是其工资构成的重要组成部分。用人单位以实物而非货币形式支付劳动者的工资违反法律规定，用人单位以劳动者不领取实物工资为由不及时足额支付劳动报酬的，劳动者有权要求解除劳动合同，用人单位应支付经济补偿金。因此，仲裁委裁决韩金秀与销售公司解除劳动合同，销售公司立即向韩金秀支付销售提成8000多元，同时，销售公司应向韩金秀支付经济补偿金6000元。

【案例评析】

依法及时足额向劳动者支付劳动报酬是用人单位应当履行的法定义务。工资是劳动报酬的最基本、也是最重要的组成部分，根据用人单位与劳动者的约定，劳动者的工资可以由基本工资和绩效工资构成。根据《劳动法》第50条的规定："工资应当以货币形式按月支付给劳动者本人，不得克扣或者无故拖欠劳动者的工资。"原劳动部1994年12月6日发布的《工资支付暂行规定》第5条进一步明确规定："工资应当以法定货币支付。不得以实物及有价证券替代货币支付。"因此，本案中销售公司以抵债商品的实物形式支付韩金秀的绩效工资违反了法律规定。销售公司以韩金秀不领取抵顶工资的实物为由拖延发放工资同样也违反了法律规定。根据《劳动合同法》第38条的规定，用人单位未及时足额支付劳动报酬的，劳动者可以解除劳动合同。根据该法第46条的规定，劳动者以用人单位未及时足额支付劳动报酬为由解除劳动合同的，用人单位应当向劳动者支付经济补偿金。所以，本案中劳动者韩金秀的请求合理合法，仲裁委的裁决亦于法有据。

在实践中，某些用人单位可能会遇到各种各样的困难，但是，无论如何，都必须按照法律的规定及时足额以货币形式支付劳动报酬。如果用人单位违反法律规定不及时足额或者不以货币形式支付劳动报酬，劳动者可以通过两种途径维护自身的合法权益：一是向当地劳动监察部门投诉；二是向劳动争议仲裁委员会提起劳动仲裁。劳动监察部门和劳动仲裁机构查明事实，定能帮助劳动者讨回应得的劳动报酬。

4. 用人单位未经民主程序制定的加班制度不得对抗劳动者要求支付加班费的主张

【权利提示】 劳动者被用人单位安排加班，有权要求用人单位支付加班工资，用人单位未经民主程序制定的加班制度不得对抗劳动者要求支付加班费的主张，在诉讼程序中，劳动者应当就加班事实的存在承担举证责任。但劳动者有证据证明用人单位掌握加班事实存在的证据，用人单位不提供的，由用人单位承担举证责任。

【关键词】 加班工资　加班制度　加班事实　举证责任

【维权案例】

罗娟 2012 年 9 月 1 日进入宇盟公司从事品质管理工作。双方签订最后一份劳动合同期限自 2014 年 11 月 1 日至 2015 年 10 月 31 日，在此期间罗娟的基本工资为 3200 元/月。双方约定罗娟周一至周五每天的工作时间为 8:00 至 17:00，中午午餐时间为 1 小时，双休日休息。宇盟公司通过上下班打卡的方式对员工进行考勤。2014 年 12 月 14 日，罗娟申请辞职，并于当月 18 日正式离职。

罗娟辞职时要求宇盟公司支付加班工资，宇盟公司未同意。于是，罗娟于 2015 年 1 月 15 日向当地劳动争议仲裁委员会申请仲裁，要求宇盟公司支付 2013 年 1 月至 2014 年 12 月平时加班 700 小时、双休日加班 60 小时的加班工资。劳动仲裁委经审理后驳回罗娟的仲裁请求，罗娟不服向法院提起诉讼。

在法院审理中，罗娟提交了 2014 年 8 月、10 月、11 月工作期间的考勤表复印件，证明双休日有加班及平时延长工作时间。法院要求宇盟公司提供罗娟的考勤表，宇盟公司以罗娟已离职其考勤表未保留为由，未提交罗娟的考勤表。宇盟公司认为其单位制定的《人事管理办法》规定了加班审批制度，罗娟在明知该规定的情况下，未履行加班报批制度，对罗娟主张的加班事实不予认可。

法院经审理认为，罗娟在宇盟公司工作期间，其获得劳动报酬的权利应当予以保护。在本案中，宇盟公司提供了《人事管理办法》，但对该管理制度的制定，宇盟公司未能举证证明与员工代表磋商，而该制度与劳动者的切身利益又密切相关。因此，宇盟公司主张所有员工加班必须填写加班申请单否则不应确认为加班的说法依据不足，法院不予支持。罗娟提交的工作期间的部分考勤表复印件，反映出罗娟双休日及平时确实存在加班加点的情形，且罗娟从事品质管理工作，实际操作并指导下属，其加班具有合理性，宇盟公司安排罗娟加班，应当支付加班工资。参照考勤表复印件记载的出勤时间及罗娟仲裁审理期间主张的加班时间，法院认定罗娟在2013年1月至2014年12月14日平时加班200小时，双休日加班50小时。按罗娟主张每月基本工资3200元的标准计算，其应得平时加班工资为5517.24元，双休日加班工资1839.08元，合计7356.32元。法院最终判决宇盟公司支付罗娟加班工资7356.32元。

【案例评析】

根据我国《劳动法》的有关规定，用人单位由于生产经营需要，经与工会和劳动者协商后可以延长工作时间或者在休息日与法定节假日安排劳动者工作。延长工作时间一般每日不得超过1小时；因特殊原因需要延长工作时间的，在保障劳动者身体健康的条件下延长工作时间每日不得超过3小时，但是每月不得超过36小时。同时，《劳动法》规定，用人单位安排劳动者加班的，应当按照法定标准支付加班工资。其中，安排劳动者延长工作时间的，支付不低于工资的150%的工资报酬；休息日安排劳动者工作又不能安排补休的，支付不低于工资的200%的工资报酬；法定休假日安排劳动者工作的，支付不低于工资的300%的工资报酬。

用人单位不得违反法律规定延长劳动者的工作时间，在此前提下，用人单位可以制定加班制度，规定加班申请、报批程序及加班工资的发放标准。但是，由于加班涉及劳动者的劳动、休息和获得额外劳动报酬的权利。因此，用人单位的加班制度应充分听取职工意见，体现平等协商精神。如果用人单位的加班制度的制定未经法定程序，即便用人单位履行了告知程序，对劳动者仍不具有实行的效力。本案中，宇盟公司以罗娟加班事先未申请并经批准为由进行抗辩，由于其加班制度未经法定民主程序制定，因此，抗辩理由不能成立。

根据《最高人民法院关于审理劳动争议案件适用法律若干问题的解释（三）》相关规定，劳动者主张加班费的，应当就加班事实的存在承担举证责任。但劳动者有证据证明用人单位掌握加班事实存在的证据，用人单位不提供的，由用人单位承担不利后果。本案中，罗娟为主张加班费，提供了相应的考勤打卡记录复印件，并根据其从事工作的性质认为存在加班的必要，故应视为已提供了初步的证据证明存在延长加班及双休日加班的情形。宇盟公司不认可该证据，但又拒绝提供由其掌握的员工考勤记录，应承担相应的不利后果。法院依据罗娟提供的证据酌情认定其加班时间，是公平分配原、被告双方举证责任的必然结果。

【维权图解】加班工资的计算标准

1. 加班工资基数＝（上月工资−加班工资）÷21.75÷8。

2. 加班工资的计算标准：

（1）平时加班工资总和＝加班工资基数×加班时数×150%；

（2）双休日加班工资总和＝加班工资基数×加班时数×200%；

（3）法定节假日加班工资总和＝加班工资基数×加班时数×300%。

图表16　加班工资的计算标准

5. 用工形式约定为非全日制用工，劳动者不能主张加班工资

【权利提示】用人单位与劳动者约定用工形式为非全日制用工，劳动者主张用人单位支付加班工资、解除劳动合同经济补偿等均不能获得支持。

【关键词】用工形式　非全日制用工　加班工资

【维权案例】

陈立华于2008年3月7日到某江河水务公司任巡线员，当日双方签订一份期限为2008年3月7日至2008年12月31日的劳动合同，劳动合同期满后未再续订。陈立华在江河水务公司实际工作至2009年4月10日。作为巡线员，陈立华每天工作时间一般不超过4小时，主要在上午完成，星期六、节假日不用工作。2009年6

月，陈立华向劳动争议仲裁委员会申请仲裁，要求确认与江河水务公司形成无固定期限劳动关系，并要求按 680 元/月的标准发放生活费直至退休，以及支付加班工资、补办社会保险。仲裁委确认陈立华与江河水务公司双方之间为非全日制劳动关系，驳回陈立华的仲裁请求。陈立华不服，诉至法院。法院亦确认双方为非全日制劳动关系，驳回陈立华的诉讼请求。

【案例评析】

全日制用工与非全日制用工作为法律认可的两种用工形式，在工作时间、劳动报酬、劳动合同解除以及经济补偿等方面存在显著差异。非全日制用工，是指以小时计酬为主，劳动者在同一用人单位一般平均每日工作时间不超过 4 小时，每周不超过 24 小时的用工形式。非全日制用工双方当事人可以订立口头协议，用人单位不得约定试用期，任何一方都可以随时通知对方终止用工，并且不需要向劳动者支付经济补偿金，除工伤保险外，用人单位没有为劳动者缴纳社会保险的强制义务。在本案中，用人单位与劳动者建立非全日制劳动关系，劳动者要求用人单位支付加班费、经济补偿金、补缴社会保险等没有获得仲裁委和法院的支持。

在实践中，有些用人单位实际上与劳动者建立全日制劳动关系，但用人单位没有与劳动者签订书面劳动合同，没有依法缴纳社会保险，没有依法支付加班工资，在劳动者维权时，用人单位主张其用工形式为非全日制用工，试图以此逃避法律责任。因此，对劳动者与用人单位没有签订劳动合同但对用工形式存在争议时，应由用人单位对用工形式承担举证责任，如果用人单位不能举证证明是非全日制用工，应认定为全日制用工。

非全日制用工形式突破了传统的全日制用工模式，适应了用人单位灵活用工和劳动者自主择业的需要，已成为促进就业的重要途径。非全日制用工最大的特点就是用人单位与劳动者的联系较全日制用工形式更加灵活松散，但这个特点也容易使劳动者忽视自身权利的保护。所以，虽然法律上并不强制用人单位在非全日制用工形式下必须与劳动者签订书面劳动合同，但劳动者可以要求用人单位与其签订书面协议，对权利义务进行约定，以免以后发生纠纷。

【维权图解】全日制用工与非全日制用工的区别

	全日制	非全日制
劳动合同形式	书面	口头协议或书面协议
劳动关系数量	一个	可以存在多个劳动关系
试用期	可以约定	不得约定
工作时间	法定时间	日≤4小时，周≤24小时
加班工资	有	无
工资支付周期	≤1个月	≤15天
劳动合同解除	法定条件	随时终止

图表 17　全日制用工与非全日制用工的区别

6. 用人单位未与劳动者协商不得随意变更业务提成比例

【权利提示】业务提成是劳动报酬的一种形式，业务提成比例的约定是劳动合同的重要组成部分，其变更应取得双方当事人的协商一致。若随意变更业务提成比例损害劳动者利益的，劳动者可以解除劳动合同并要求用人单位支付经济补偿金。

【关键词】业务提成　劳动报酬　劳动合同变更　经济补偿金

【维权案例】

陈友德2010年底入职环宇公司从事业务员工作，工资结构是基本工资加业务提成。2013年年底，陈友德与环宇公司签订了最新一期劳动合同。2014年2月，陈友德与环宇公司签订业务提成协议，详细规定了业务提成的比例，并于协议最后载明"本协议最终解释权归本公司，如有变动，本公司另行通知"。2014年6月、9月、12月，环宇公司连续三次以公司内部张贴告示的形式对原来的提成比例进行调整，涉及陈友德的提成比例有不同程度的降低。2015年5月，陈友德向公司递交了离职申请书，并在离职原因陈述一栏中标明"薪酬不能及时发放、公司制度不稳定，经常更改并不与利益相关人协商"。

此后，陈友德申请仲裁，请求解除劳动合同，环宇公司支付陈友德经济补偿金并补足拖欠的业务提成款。环宇公司不服，认为用人单位有用工自主权，双方协议约定"本协议最终解释权归本公司，如有变动，本公司另行通知"，这表明用人单位可以单方调整业务提成比例，且每次调整都通知了陈友德，陈友德在调整期内未提出异议，其对于提成比例变动是明知的，是双方在事实上形成了变更的合意，遂向法院提起诉讼。

法院经审理认为，劳动报酬是劳动合同的必要条款。陈友德与环宇公司的业务提成协议是双方当事人真实意思表示，应视为劳动合同的一部分，任何一方不得擅自进行变更。虽然协议最后载明"本协议最终解释权归本公司，如有变动，本公司另行通知"，但该条款违反了订立劳动合同应当平等自愿、协商一致的原则，排除了劳动者的合法权利，应当视为无效。环宇公司单方面下调陈友德的业务提成比例属于用人单位擅自变更合同条款，损害了劳动者的利益。陈友德以此为由提出解除劳动合同符合法律规定，环宇公司应依法向陈友德支付经济补偿金并补足拖欠的业务提成款。

【案例评析】

劳动合同条款分为法定必备条款和约定必备条款。劳动报酬就是劳动合同的法定必备条款，业务提成属于劳动报酬的一部分，用人单位需要与劳动者协商一致才能变更业务提成比例。若用人单位提高提成比例，劳动者又没有提出异议的，可以视为劳动者对此予以默认；若用人单位擅自降低提成比例，并据此发放业务提成款，会严重侵害劳动者的合法权利，劳动者有权依据《劳动合同法》第38条第1款第2项"未及时足额支付劳动报酬的"的规定，提出异议或提出解除劳动合同，用人单位需要向劳动者支付解除劳动合同经济补偿金。

7. 劳动者被调岗降薪有权要求用人单位支付经济补偿金

【权利提示】如果用人单位以竞岗的方式调整劳动者的工作岗位，使劳动者的薪酬明显降低，而又未与劳动者协商一致，劳动者有权解除劳动合同并要求用人单位支付经济补偿金。

【关键词】调岗 劳动合同变更 劳动报酬 经济补偿金

【维权案例】

贺雪在某保险公司广州分公司任综合管理部单证管理岗主管，其工作岗位是管理岗。2012年10月，保险公司开展主管岗位人员公开竞聘工作，要求部门主管岗位人员必须参加此次竞聘，而竞聘的岗位只有文秘岗主管和行政岗主管。贺雪报名参加并在《竞聘报名表》中选择服从调剂。同年11月，保险公司下发通知，免去贺雪综合管理部单证管理岗主管职务，后又将其调整为客户服务中心保单服务岗，该岗位属于操作岗，不属于管理岗，且薪酬比之前管理岗位有大幅度降低。贺雪未到新岗位报到上班，随后提起劳动仲裁，要求保险公司支付违法解除劳动合同经济补偿金17万元。

法院审理认为，用人单位如通过竞岗方式对劳动者岗位进行调整导致劳动者薪酬明显降低的，应事先对此进行充分说明，贺雪虽在《竞聘报名表》上确认接受岗位调整，但保险公司未提供证据证明将竞岗后可能降低薪酬的后果告知贺雪，故保险公司的调岗行为缺乏合理依据，应支付贺雪解除劳动合同经济补偿金17万元。

【案例评析】

用人单位行使用工自主权的同时，应尊重并保障劳动者的合法权益。用人单位可以通过竞岗的方式对劳动者岗位进行调整，但因此可能导致劳动者薪酬减少的，用人单位应事先对此进行充分说明，否则即使劳动者选择服从岗位调剂，但只要对降低薪酬不予认可，用人单位调岗行为的合法性就值得质疑。

用人单位行使用工自主权对劳动者的岗位进行调整，需要符合以下几个条件方能具有合理性与合法性：其一，调岗是用人单位经营管理的需要；其二，调岗之前对岗位调整的内容、程序及可能影响劳动者切身利益的事项应予以充分说明；其三，调岗没有明显降低劳动者的薪酬待遇；其四，调岗不具有侮辱性和惩罚性；其五，调岗没有其他违反劳动合同和法律法规的行为。

调岗是用人单位单方对劳动合同内容的变更，如果用人单位对劳动者岗位的调整未与劳动者协商一致，又不具有合理性与合法性，那么劳动者有权单方解除劳动合同，并要求用人单位支付经济补偿金。如果劳动者不到新岗位报到，用人单位以劳动者旷工为由解除劳动合同，则劳动者有权要求用人单位违法解除劳动合同的经济赔偿金。

【维权图解】 经济补偿金和赔偿金的计算方式与标准

1. 经济补偿金：

（1）按劳动者在用人单位工作的年限，每满1年支付1个月的工资；

（2）工作年限中6个月≤1年的部分，按1年计算；

（3）工作时间≤6个月，向劳动者支付半个月工资的经济补偿；

（4）月工资：劳动合同解除或终止前12个月的平均工资。

2. 赔偿金：

（1）用人单位违法解除或终止劳动合同应向劳动者支付赔偿金；

（2）标准：经济补偿金标准×2。

图表18　经济补偿金和赔偿金的计算方式与标准

8. 用人单位向劳动者支付的非工资性收入是否属于工资的组成部分

【权利提示】 工资是用人单位基于劳动关系，按照劳动者提供劳动的数量和质量，以货币形式支付给劳动者本人的全部劳动报酬，主要包括各种形式的工资、奖金、津贴、补贴、延长工作时间及特殊情况下支付的属于劳动报酬性的工资收入等。工资中不包括用人单位按照规定负担的各种社会保险费、住房公积金、劳动保护费、独生子女补贴、计划生育奖金、丧葬费、抚恤金等福利费和属于非劳动报酬性收入。劳动者要求用人单位支付加班工资的计算基数、经济补偿金、经济赔偿金、工伤保险待遇等，均应以上述范围的工资为标准。

【关键词】　工资构成　加班工资　计算基数　工伤保险待遇

【维权案例】

杨明光于2014年4月2日入职天英公司任普工，双方签订了劳动合同。2014年9月28日，杨明光在工作中受伤，当天被送往医院治疗。2014年9月30日，杨明光经市人力资源与社会保障局认定为工伤。2015年6月30日，市劳动能力鉴定委员会鉴定杨明光为9级伤残。同年8月5日，市社会保障基金支付杨明光一次性伤残补助金9320元。2015年6月1日，杨明光向天英公司提出辞职，同年7月1日，杨明光正式离职，离职时杨明光尚未领取2011年6月份的工资。

2011年7月14日，杨明光就工资、工伤待遇等问题向仲裁庭申请仲裁。2011年9月7日，仲裁庭作出裁决，天英公司不服，遂向法院提起诉讼。天英公司认为，仲裁裁决对杨明光受伤前的月平均工资认定错误。为证明杨明光受伤前的月平均工资，天英公司提交了由杨明光签名确认的2010年4月至9月的工资表。工资表显示杨明光的工资主要由工资、非工资性收入以及代扣代付费组成，其中非工资性收入包含清凉费或保暖费、住房补贴及其他非工资性收入，并约定了非工资性收入不属于工资的范围。天英公司认为杨明光的非工资性收入是公司对困难职工的补助，公司每月自行决定发放，没有固定标准，不属于工资的组成部分。

法院经审理认为，首先天英公司主张工资表中的其他非工资性收入包括企业职工冬季取暖补贴、职工防暑降温费、服装费等安全防护用品的费用补贴、特殊工种的营养补贴，但天英公司提交的劳动合同及附件并未对其他非工资性收入进行约定，天英公司亦未提交其他证据证明其曾告知杨明光非工资性收入的组成和计算方式。在杨明光并不知晓其他非工资性收入的组成和计算方式的情况下，天英公司每月向其支付非工资性收入，且该收入占杨明光每月收入总额比例比较大，有的月份甚至超过50%，不符合常理。据此，法院认定其他非工资性收入实质为天英公司支付给杨明光的劳动报酬。因此，法院认定杨明光受伤前月平均工资为 3640 元，并据此计算天英公司应向杨明光支付一次性工伤医疗补助金 7280 元，一次性伤残就业补助金 29 120 元，合计 36 400 元。天英公司仍不服该判决，提起上诉，后被二审法院驳回上诉，维持原判。

【案例评析】

近年来，不少用人单位出于逃避社会保险、补偿金或赔偿金、税收等责任的目的，故意将劳动者的工资进行拆分，并分别让劳动者签名，在出现争议的时候，仅拿出其中一份工资条，企图逃避法律责任。也有些用人单位故意将应支付给劳动者的劳动报酬约定为非工资性收入，在发生劳动争议时主张这部分收入不作为工资的组成部分，试图降低应当承担的补偿金、赔偿金数额。本案中的天英公司就属于这种情况。

用人单位向劳动者支付的非工资性收入并不是都不能视为工资的组成部分，根据相关法律规定，工资是用人单位基于劳动关系，按照劳动者提供劳动的数量和质量，以货币形式支付给劳动者本人的全部劳动报酬，主要包括各种形式的工资、奖金、津贴、补贴、延长工作时间及特殊情况下支付的属于劳动报酬性的工资收入等。对上述范围内劳动者的劳动报酬性收入，即便用人单位在工资表或工资条中将其作为非工资性收入发放，也应被认定为劳动者工资的组成部分。

值得注意的是，并非用人单位与劳动者约定的非工资性收入一律都可以认定为工资。如果用人单位对非工资性收入有明确规定，并告知劳动者，而劳动者又愿意接受，则应当尊重当事人的意思自治。本案中天英公司败诉的原因在于双方对非工资性收入的约定不明，且其在劳动者每月收入中所占比例很大，法院有理由相信天英公司是为了规避法定义务，将杨明光的部分工资称为非工资性收入，使杨明光的工资数额减少。

【维权图解】劳动者劳动报酬与工资的构成

1. 属于工资收入的劳动报酬：

（1）各种形式的工资，包括计时工资、计件工资、基本工资、绩效工资等；

（2）奖金、津贴、补贴；

（3）加班工资及特殊情况下支付的工资。

2. 不属于工资收入的劳动报酬：

由用人单位按照规定负担的各种社会保险费、住房公积金、劳动保护费、独生子女补贴、计划生育奖金、丧葬费、抚恤金等福利费属于非劳动报酬性收入。

图表19　劳动者劳动报酬与工资的构成

9. 拖欠工资要不得，恶意欠薪把牢坐

【权利提示】劳动者被用人单位拖欠工资，可以提起劳动仲裁和诉讼，也可以向政府劳动保障监察部门投诉和控告，如用人单位恶意欠薪，劳动者可以要求立案侦查，并要求法院依法追究用人单位及其负责人的刑事责任。

【关键词】拖欠工资　恶意欠薪　拒不支付劳动报酬罪　刑事责任

【维权案例】

蔡某系某家纺公司法定代表人。2011年1月至7月，该公司拖欠了60余名职工的工资。期间公司先后收回多笔款项，至2011年5月初，公司银行存款尚有余额10万余元，之后亦有15万款项入账，但均未用于支付拖欠的工资。2011年8月9日，该公司职工申请劳动仲裁，要求支付工资。经劳动争议仲裁委员会调解，确认公

司应支付拖欠工资502 063元，并要求当日一次性付清。但公司拒不履行，法定代表人蔡某更换手机号码、外出逃匿。同月，公司职工依据仲裁调解书向法院申请执行。法院多次通知蔡某支付拖欠工资，其均未履行。2012年1月31日，该市劳动和社会保障局下达《劳动保障监察限期改正指令书》，公司仍拒不支付拖欠工资。检察院因此提起公诉，指控家纺公司及其法定代表人蔡某犯拒不支付劳动报酬罪。案发后，蔡某对自己的罪行供认不讳。

法院认为，蔡某作为公司的法定代表人，以逃匿的方法逃避支付劳动者的劳动报酬，数额较大，经政府有关部门责令改正仍不支付，公司及蔡某的行为已经构成拒不支付劳动报酬罪。鉴于蔡某在案发后如实供述罪行，且法院已经通过变卖公司财产追回款项49 400元，可对公司及蔡某从轻处罚。为保护劳动者合法权益，依照《中华人民共和国刑法》第276条之规定，判决家纺公司犯拒不支付劳动报酬罪，判处罚金人民币5万元，判处蔡某有期徒刑1年4个月，并处罚金人民币3万元。

【案例评析】

一段时间以来，部分地方用工单位拒不支付劳动者的劳动报酬现象比较突出，广大劳动者，特别是农民工成为拒不支付劳动报酬行为的主要受害者。2011年5月1日生效的《刑法修正案（八）》增设拒不支付劳动报酬罪。所谓拒不支付劳动报酬罪，是指以转移财产、逃匿等方法逃避支付劳动者的劳动报酬或者有能力支付而不支付劳动者劳动报酬，数额较大，经政府有关部门责令支付仍不支付的行为。根据《刑法》第276条的规定，用人单位拒不支付劳动报酬构成犯罪的，对单位判处罚金，并对其直接负责的主管人员和其他直接责任人员，依照前款的规定处罚，即判处3年以下有期徒刑或拘役，并处或者单处罚金；造成严重后果的，处3年以上7年以下有期徒刑，并处罚金。

《刑法》中有关拒不支付劳动报酬罪的规定是对用人单位恶意拖欠劳动者劳动报酬行为的有利威慑，劳动者在遇到用人单位转移财产、逃匿等方法逃避支付劳动报酬，或用人单位有能力支付而又拒不支付劳动报酬时，应当积极维权，向当地劳动监察部门投诉和控告，要求国家有关部门维护劳动者合法权益，国家有关部门负有维护劳动者的合法权益的法定职责。

第四章

我不是工作机器——休息休假篇

1. 用人单位在法律规定的医疗期内不能解除劳动合同

【权利提示】 劳动合同期满，但是职工患病或者非用工负伤，在规定的医疗期内，劳动合同应当延续至相应的情形消失时终止，用人单位不得解除劳动合同；患病职工有特殊疾病（如癌症、精神病、瘫痪等），24个月医疗期尚不能痊愈的，经企业和劳动主管部门批准，可适当延长医疗期。

【关键词】 医疗期　延长医疗期　解除劳动合同　继续履行劳动合同

【维权案例】

李子君2008年12月28日入职某食品公司从事质检员工作，双方签订最后一期劳动合同期限为2013年12月28日至2014年12月27日。2014年8月，李子君因被查出患有乳腺癌入院治疗，于是向食品公司请了病假，此后李子君再未到食品公司上班。2015年3月24日，食品公司向李子君送达了《终止劳动合同书》，告知其双方的劳动合同2014年12月27日期满，因在医疗期，劳动合同延续，现食品公司认为李子君的医疗期已满，续延劳动合同的情形消失，双方的劳动合同自2015年3月31日终止。

李子君遂申请劳动仲裁，要求裁决撤销食品公司终止劳动合同决定并继续履行合同、补缴保险、补发工资、支付医疗费。仲裁委裁决撤销食品公司对李子君的《终止劳动合同书》，双方继续履行劳动合同并为李子君补缴保险、补发工资、支付医疗费。食品公司不服该裁决诉至法院。法院经审理认为，李子君患病至诉讼时未满24个月，仍在规定的医疗期内，其与食品公司的劳动合同应当续延至医疗期满，食品公司与李某解除劳动合同的行为违反法律规定。法院判决撤销食品公司对李子君发出的《终止劳动合同书》，双方继续履行劳动合同，食品公司为李子君补缴保险、补发工资并支付医疗费。

【案例评析】

　　劳动者患病或非因工负伤，在规定的医疗期内，劳动合同应当延续至相应的情形消失时终止，用人单位不得解除劳动合同。对于某些患特殊疾病的职工，如癌症、精神病、瘫痪等，根据原劳动部《关于贯彻〈企业职工患病或非因工负伤医疗期规定〉的通知》的规定，在 24 个月内尚不能痊愈的，经企业和劳动主管部门批准，可以适当延长医疗期。这充分体现了以人为本的理念，也是对劳动者权益的充分保障。某些用人单位将患病或非因工负伤的劳动者看作是负担，在规定的医疗期尚未结束时解除或终止劳动合同，这种行为是违法的，劳动者可以主张要求用人单位继续履行劳动合同。

【维权图解】 劳动者患病或非因工负伤医疗期

实际参加工作年限	在本单位工作年限	医疗期	累计病休时间
10年以下	5 年以下	3 个月	6 个月
	5 年以上 10 年以下	6 个月	12 个月
10年以上	5 年以下	6 个月	12 个月
	5 年以上 10 年以下	9 个月	15 个月
	10 年以上 15 年以下	12 个月	18 个月
	15 年以上 20 年以下	18 个月	24 个月
	20 年以上	24 个月	30 个月

图表 20　劳动者患病或非因工负伤医疗期

2. 用人单位在劳动者医疗期满后直接与其解除劳动合同被判支付经济赔偿金

【权利提示】 劳动者患病或非因工负伤，医疗期满后，如果用人单位既未向劳动者告知医疗期已满，亦未另行为其安排工作，而直接与劳动者解除劳动合同，则构成违法解除，应支付相应的赔偿金。

【关键词】 医疗期　解除劳动合同程序　赔偿金

【维权案例】

黄灿发于1993年8月进入某饭店担任厨师。2008年8月29日，双方签订最后一期劳动合同，期限自2008年9月1日至2011年8月31日。2006年9月，黄灿发因患病开始向饭店请假，此后再未到饭店上班。在医疗期内，黄灿发一直未向饭店提供医疗证明和病例。2009年3月27日，饭店发给黄灿发通知一份，上面载明："你自2006年3月休病假至今，病休已二年有余，根据劳动合同法规定，你患病的医疗期为十二个月，但公司本着以人为本的理念，延长了你的医疗期直至今天。鉴于你至今尚不能恢复工作，现经公司讨论研究决定，将按有关规定于2009年3月31日与你解除劳动合同，同时也会按劳动合同法的相关条款给予你相应的经济补偿。" 2009年4月底，饭店将经济补偿金与医疗补助费的计算清单复印给黄灿发。2009年7月，黄灿发向劳动争议仲裁委员会申请仲裁。因不服仲裁决定而诉至法院。法院认为，饭店与黄灿发解除劳动合同的行为违反法律规定，判决饭店向黄灿发支付解除劳动合同经济赔偿金。

【案例评析】

员工生病或者非因工负伤，这都是用人单位所不愿意看到的，因为这无疑会增加用人单位的用工成本。《劳动合同法》从保护劳动者的角度，赋予了劳动者享有医疗期的权利，但同时也考虑到如果劳动者无期限地休医疗期的话，将会给用人单位带来不能承受之重。所以，法律也规定在法定医疗期满后，在法定条件和程序下用人单位可以解除劳动合同。用人单位想要与员工解除劳动合同就不能忽视这个法定的条件和程序。也就是说，当劳动者的医疗期届满时，用人单位应当首先通知劳动者来上班，如果劳动者的身体状况不能胜任原岗位，还应当另行安排合适的工作，有必要的话还要让劳动者接受岗前培训，如果此时劳动者仍不能从事新的工作的话，用人单位方可在提前 30 天或额外支付 1 个月工资的前提下，行使与劳动者解除劳动合同的权利，否则，用人单位的解除行为就会被认定为违法，劳动者有权向用人单位主张违法解除劳动合同赔偿金。

3. 劳动者春节请假返乡未获批准，回厂上班被辞退

【权利提示】 劳动者在法定节假日有休息休假的权利，如果用人单位由于工作需要劳动者在法定节假日加班的，应当支付加班费。对于在春节等法定节假日坚持加班的劳动者在加班结束后请假回乡探亲的，用人单位应在合理时间内明确答复劳动者是否准假，用人单位因其请假制度不完善而解除劳动合同的应被认定为违法解除，用人单位应向劳动者支付赔偿金。

【关键词】 休息休假权 法定节假日加班 加班工资 请假制度 赔偿金

【维权案例】

2013 年 1 月 30 日，苏州某公司 2004 年入职的员工戴秉宽填写请假单，要求春节假期换休 3 天。但是，公司因设备检修要求其留守，戴秉宽未同意。2 月 7 日，戴秉宽再次填写请假单要求换休，并于当日下午离开公司。2 月 9 日，该请假单通过公司内部网络被核准退回。

春节假期结束后上班当天，公司以戴秉宽连续旷工 3 日而单方与戴秉宽解除劳动合同。戴秉宽遂提起劳动仲裁，后起诉至法院。法院经审理认为，该公司解除劳动合同违法，判决公司支付违法解除劳动合同赔偿金 8 万余元。

【案例评析】

外地劳动者回家过春节提前申请请假，用人单位应在合理期限内作出明确答复，而在劳动者已经返乡的情况下，公司通过内部网络答复不予准许，致劳动者无法收悉单位意见。用人单位在节后上班当日即单方解除劳动合同，未给劳动者申辩机会，有悖诚实信用和公平合理原则。

【维权图解】 劳动者应当享受的法定休假日

```
1. 全体公民放假的节日：
新年（1月1日）、春节（农历除夕、正月初一、初二）、
清明节（农历清明当日）、劳动节（5月1日）、端午节（农历
端午当日）、中秋节（农历中秋当日）、国庆节（10月1日、2
日、3日）。
2. 用人单位安排劳动者在法定休假节日加班的，应当按
照日工资的三倍向劳动者支付加班工资。用人单位不能以调休
为由不支付加班工资或降低加班工资支付标准。
```

图表 21　劳动者应当享受的法定休假日

4. 劳动者岗位的工时工作制度应根据实际工作情况予以确定

【权利提示】 虽然用人单位对劳动者的工作岗位申请实行特殊工时工作制并获得批准，但如果劳动者岗位作息制度已与标准工时制无异，用人单位仍应按照标准工时制向劳动者支付双休日加班工资。

【关键词】 特殊工时制　标准工时制　双休日加班　加班工资

【维权案例】

刘双林自 2006 年 2 月起至某时装公司从事裁剪工作。2008 年 4 月 20 日，该公司行政方与工会签订集体合同书，规定公司执行平

均每周工作时间不超过 40 小时的工时制度，并保证职工每周至少休息一日，无论实行何种工作制，其平均日工作时间和平均周工作时间应与法定标准工作时间相同。2009 年 4 月 23 日至 2013 年 4 月 23 日期间，市人社部门应某时装公司申请许可其实行特殊工时工作制，其中综合计算工时制计算周期均为年，岗位包括编织、缝合、包装等。刘双林从事的裁剪岗位属于手缝部门。

2010 年度特殊工时花名册载有"刘双林、手工岗位、综合工作制"，2011 年度和 2012 年度实行综合计算工时工作制和不定时工作制职工名册中均载有"刘双林、手缝岗位、特殊工时"，职工签名处有刘双林的签字。2010 年度刘双林加班累计时长 1167.5 小时；2011 年度刘双林加班累计时长 1106.5 小时；2012 年 1 至 6 月加班累计 459.5 小时。2011 年 6 月至 2012 年 5 月，刘双林上班天数共计 306 天，平均每周工作近 6 天。

2012 年 9 月 3 日，刘双林以公司超时加班，未足额支付加班工资为由向公司提出解除劳动合同。后双方于 2012 年 9 月 10 日解除劳动关系。刘双林诉至法院，请求判令某时装公司支付加班工资。法院认为，从刘双林实际的工作情况来看，其在法定标准工作时间内均在上班，岗位的淡旺季之分仅体现在平时和周末加班时数的长短，某时装公司在生产淡季中未安排刘双林轮休、调休，刘双林的岗位作息制度已与标准工时制无异，故判令某时装公司按标准工时制向刘双林支付加班工资。

【案例评析】

法律规定企业因生产特点不能实行劳动法规定的标准工时制的，可以实行不定时工作制或综合计算工时工作制。而企业实行特殊工时工作制除了必须报劳动行政部门审批外，还应当采用集中工作、集中休息、轮休调休、弹性工作时间等适当方式，确保职工的休息休假权利。实行综合计算工时工作制的，平均日工作时间和平均周工作时间应与法定标准工作时间基本相同。本案中，即使某时装公司已就刘双林的工作岗位向劳动行政部门申请了实行综合计算工时工作制，但由于其在实施过程中未能严格按照该制度的条件和要求执行，使刘双林一直处于超时加班状态，故仍被法院责令按标准工时制的计算标准向刘双林支付加班工资。特殊工时工作制度是为了便于企业用工管理而设立的，不能成为企业逃避支付加班工资责任的工具。

5. 工作不满一年解除劳动合同，单位拒付未休年假工资败诉

【权利提示】劳动者连续工作满12个月以上的，即可享受带薪年休假。用人单位与职工解除或者终止劳动合同时，当年度未安排职工休满应休年休假的，应当按照职工当年已工作时间折算应休未休年休假天数并支付未休年休假工资报酬。

【关键词】带薪年休假　未休带薪年休假工资

【维权案例】

刘东强于1991年3月至2013年2月在甲公司工作。2013年4月1日起到某贸易公司工作。2014年2月20日，双方协商一致解除劳动合同，贸易公司支付给刘东强1个月的经济补偿金。刘东强主张贸易公司应支付其未休带休假工资，该公司认为刘东强作为新进员工在本公司工作未满12个月不享受带薪年休假故不同意支付。2014年5月20日，刘东强向劳动人事争议仲裁委员会申请仲裁，请求裁决贸易公司支付2013年4月1日至2014年2月20日期间的未休年休假工资5000元。该委审理后裁决：贸易公司支付刘东强未休年休假工资3016.50元。该公司对裁决不服，诉至法院。

法院经审理认为，根据《企业职工带薪年休假实施办法》第3条规定，职工连续工作满12个月以上的，享受带薪年休假。第5条第1款规定："职工新进用人单位且符合本办法第三条规定的，当年度年休假天数，按照在本单位剩余日历天数折算确定，折算后不足1整天的部分不享受年休假。"2013年，刘东强虽然在贸易公司工作不满1年，但刘东强在进入该公司之前已连续工作20年，依据《职工带薪年休假条例》第3条第1款"职工累计工作已满1

年不满 10 年的，年休假 5 天；已满 10 年不满 20 年的，年休假 10 天；已满 20 年的，年休假 15 天"之规定，刘东强应享受 15 天的带薪年休假。故按照刘东强 2013 年在贸易公司工作的剩余日历天数计算应享受的年休假天数确定为 10 天。同时按照《企业职工带薪年休假实施办法》第 12 条第 1 款"用人单位与职工解除或者终止劳动合同时，当年度未安排职工休满应休年休假天数的，应当按照职工当年已工作时间折算应休未休年休假天数并支付未休年休假工资报酬，但折算后不足 1 整天的部分不支付未休年休假工资报酬"之规定，刘东强 2014 年度在贸易公司依法应享受年休假天数应为 2 天。因贸易公司未安排刘东强年休假亦未支付未休年休假工资，故贸易公司依法应支付刘东强 2013 年度未休年休假工资报酬为 2455.20 元（2670 元÷21.75 天×10 天×200%），2014 年度未休年休假工资报酬为 561.30 元（3052 元÷21.75 天×2 天×200%），共计 3016.50 元。据此，法院一审判决：贸易公司支付刘东强 2013 年 4 月 1 日至 2014 年 2 月 20 日期间的未休年休假工资 3016.50 元。一审宣判后，贸易公司不服，并提起上诉。二审法院经审理维持了一审判决。

【案例评析】

根据《企业职工带薪年休假实施办法》第 3 条规定的"职工连续工作满 12 个月以上的"，既包括职工在同一用人单位连续工作满 12 个月以上的情形，也包括职工在不同用人单位连续工作满 12 个月以上的情形。即只要职工能够证明自己已连续工作 12 个月以上的，就具备带薪年休假的条件。且年休假天数是根据职工累计工作时间确定的。累计工作年限，是指职工参加工作以来的累计工作年限，而非仅指在本单位的工作年限。这里的"累计工作时间"，包括职工在机关、团体、企业、事业单位、民办非企业单位、有雇工的个体工商户等单位从事全日制工作期间，以及依法服兵役和其他按照国家法律、行政法规和国务院规定可以计算为工龄的期间（视同工作期间）。职工的累计工作时间可以根据档案记载、单位缴纳社保费记录、劳动合同或者其他具有法律效力的证明材料确定。

国家设立带薪年休假制度的初衷，是为了要求用人单位合理安排劳动者的劳逸时间，维护职工休息休假权利，保障职工的身心健康，调动职工工作积极性，构建和谐劳资关系。但实际的执行情况却远没有当初设想的那么顺利。在此提示劳动者：在入职的时候要向用人单位明确已有工作年限，避免以后发生争议。此外，劳动者应注意收集相关证据，例如考勤记录、工作文件、工资发放记录等材料，以便在诉讼中赢得主动。对用人单位来说，应依法保障劳动者享受年休假的法定权利，加强相关法律法规的学习培训，积极完善自身的年休假管理制度，统筹安排职工的年休假并保存相关证据，掌握员工年休假的主动权。如用人单位既未安排职工休带薪年休假也未发放年休假工资，则可能承担支付更高用工成本的法律风险。

【维权图解】劳动者带薪年休假的天数与未休假报酬

1. 劳动者应当享受的带薪年休假天数：

累计工作时间	年休假天数	不享受当年年休假情形
不满 1 年	0	
满 1 年不满 10 年	5	请病假累计 2 个月以上
满 10 年不满 20 年	10	请病假累计 3 个月以上
满 20 年	15	请病假累计 4 个月以上

2. 劳动者应休未休的年休假天数，用人单位应按照劳动者日工资 3 倍支付年休假工资报酬。

图表 22　劳动者带薪年休假的天数与未休假报酬

6. 做产检休产假被扣工资，女职工状告公司打赢官司

【权利提示】女职工依法享有产前检查的权利，怀孕女职工如在劳动时间内进行产前检查，所需时间应计入劳动时间，且用人单位应为怀孕女职工适时地提供方便，女职工在劳动时间进行产前检

查的，按出勤对待，不能按病假、事假、旷工处理。

【关键词】女职工　产检　产假　工资标准

【维权案例】

付红艳于 2011 年 6 月入职某航空公司，担任出纳一职，双方签订三年固定期限劳动合同，合同中约定付红艳的月基本工资为 1800 元，加上岗位工资每月共计 6000 元，付红艳在职期间航空公司未为其缴纳生育保险。

2012 年 9 月付红艳怀孕，之后一直坚持工作，只是有时按照医院的要求进行产前检查，但每次产检航空公司都将此算作事假，并扣发付红艳相应的事假工资。2013 年 6 月 5 日付红艳剖宫产生育一女，产假期间航空公司一直按照付红艳基本工资 1800 元的标准每月向其支付工资。付红艳于 2014 年 6 月 3 日提起仲裁，请求航空公司支付产检和产假期间的工资差额。

仲裁委审理后认为，依据《女职工劳动保护特别规定》第 6 条的规定，女职工依法享有产前检查的权利，怀孕女职工如在劳动时间内进行产前检查，所需时间应计入劳动时间，且用人单位应为怀孕女职工适时地提供方便，女职工在劳动时间进行产前检查的，按出勤对待，不能按病假、事假、旷工处理，故航空公司应支付在付红艳产检期间克扣的工资。由于航空公司没有为付红艳缴纳生育保险，因此付红艳产假期间工资应由航空公司承担，工资标准参照她正常出勤的月工资水平。

本案中，航空公司在付红艳产假期间以每月基本工资 1800 元的工资标准向她支付产假工资，不符合相关法律规定，所以航空公司应补足付红艳产假期间的工资差额。

【案例评析】

女工做产检休产假，期间工资应当照发。我国法律对于女职工特别是处在孕期、产期和哺乳期（以下简称"三期"）内的女职工有一系列的特别保护措施。除了上述《女职工劳动保护特别规定》外，《劳动合同法》也规定，处在三期内的女职工，用人单位不得依照本法第 40 条和第 41 条的规定解除劳动合同。劳动合同期限届满而女职工尚处在三期内的，劳动合同应顺延至三期期满。但是法律对于女职工的特别保护也并非是无限的，如果女职工严重违反用人单位的规章制度，或者营私舞弊给用人单位造成重大损害的，用人单位有权依法解除劳动合同。另外，如果女职工与用人单位协商一致也可以解除劳动合同。

我劳动需要保障——劳动保障篇

1. 未按规定险种为劳动者建立社保关系需支付经济赔偿金

【**权利提示**】用人单位未依照法律法规的规定为劳动者缴纳社会保险费的，劳动者有权解除劳动合同，并要求用人单位支付经济补偿金。

【**关键词**】缴纳社会保险费　解除劳动合同　经济补偿金

【**维权案例**】

邓乐川于2005年入职某机械公司从事钳工工作，机械公司为邓乐川购买了工伤保险和基本医疗保险，未购买其他险种。2009年2月，双方签订了书面劳动合同，除约定工资报酬、工作岗位、工作时间等内容外，还约定"在合同期内，甲方（机械公司）必须按照国家和地方的规定，给予乙方（邓乐川）应有的劳动保险和福利待遇"，但实际履行中双方仍延续原来的做法，只为邓乐川办理了工伤保险和基本医疗保险，其他社会保险险种未办理。2011年5月，邓乐川以机械公司未为其依法购买社会保险为由，向机械公司提出辞职，并向当地劳动争议仲裁委员会申请仲裁，要求机械公司支付解除劳动关系的经济补偿金，仲裁委员会支持了邓乐川的请求。

【**案例评析**】

社会保险制度的建立和完善涉及整个社会保障制度的稳定与安全，而社保基金的征缴和积累是为全社会建立一个老有所养、病有所医的稳定网和安全网提供资金的储备和支持的重要保障，用人单位和劳动者都应当依法缴纳应承担的社保费用，否则会导致社保基金的流失，破坏整个社会保障体系的建立和完善。因此，对用人单位和劳动者个人而言社会保险都具有强制性，劳动者和用人单位均无权对社保是否缴纳以及如何缴纳予以协商或单方变更，这种协商或变更都没有法律效力。

我国目前的社保制度中强制险包括基本养老保险、基本医疗保险、工伤保险、失业保险、生育保险五类险种，用人单位和劳动者均应依法参加社会保险并交纳保险费。本案中用人单位机械公司与邓乐川协商只购买工伤保险和基本医疗保险，未按照相关法律规定买齐险种，也属于未依法缴纳社会保险费的情形。根据《劳动合同法》第38条、第46条的规定，劳动者对于用人单位未依法为劳动者缴纳社会保险费的，有权立即解除劳动合同，并且要求用人单位支付经济补偿金。所以，劳动仲裁委裁决机械公司应当向邓乐川支付解除劳动合同补偿金。

【维权图解】用人单位应为劳动者办理的社会保险项目及缴费主体

社会保险项目	缴费主体	
基本养老保险	用人单位	劳动者
基本医疗保险	用人单位	劳动者
工伤保险	用人单位	
失业保险	用人单位	劳动者
生育保险	用人单位	

图表23　用人单位应为劳动者办理的社会保险项目及缴费主体

2. 用人单位为劳动者缴纳社会保险费义务不能因双方的约定而免除

【权利提示】依法为劳动者缴纳社会保险费是用人单位的法定义务，用人单位与劳动者协商免除缴纳社会保险义务的约定无效。

【关键词】缴纳社会保险费　法定义务　协商免除　约定无效

【维权案例】

2006年9月8日，某客运公司与某精机公司签订班车租赁合同，由精机公司向客运公司租用客车，租赁期为两年。2006 年 9 月 15 日，李国勇与某客运公司签订了《驾驶员聘用协议》，合同期为 3 年，某客运公司安排李国勇为精机公司开车。关于工资待遇及工作时间，聘用协议第 14 条约定"工资待遇 3100 元（含五金）包括加班费，工作时间按本公司规定"。某客运公司按照约定每月支付李国勇工资人民币 3100 元。李国勇在与某客运公司的劳动合同到期后，向仲裁机构申请仲裁，请求确认双方聘用协议第 14 条无效，并基于该条款无效要求某客运公司支付加班费、经济补偿金、培训费等。仲裁裁决确认双方聘用协议第 14 条"含五金"部分内容无效，该条款的其余部分有效，并支持了李国勇的部分请求。李国勇不服，诉至法院。

法院认为，用人单位定期为劳动者缴纳社会保险金是用人单位和劳动者依法向国家履行的强制性义务，具有强制保险的性质，用人单位和劳动者之间不能就是否缴纳及缴纳的金额和比例问题自行协商来规避法律的明文规定，故某客运公司与李国勇之间约定的工资待遇条款中含"五金"的部分无效，但该部分无效不影响该条款中其他内容的效力，如工资待遇 3100 元中包括加班工资的约定仍然有效。法院遂判决确认双方聘用协议第 14 条关于工资待遇"含五金"部分无效，支持了李国勇其他部分诉讼请求。

【案例评析】

《社会保险法》明确规定，我国境内的用人单位和个人均应依法缴纳社会保险费，个人依法享受社会保险待遇，有权监督单位为其缴费情况。因此，缴纳社会保险费是法律强制用人单位和劳动者共同承担的法定责任，劳动关系的双方无权以合意的方式免除这一法定责任的承担。这则案例提醒劳动者，不要因为贪图一时的利益而同意或放纵用人单位不为自己缴纳社保费，否则会在患病、工伤、老迈时无法享受相关社会保障待遇时追悔莫及。

3. 用人单位依员工意愿未缴社保被裁定依法补缴

【权利提示】缴纳社保是强制义务，不依当事人意志而改变。

劳动者即使同意用人单位不为其缴纳社会保险费，也不能免除用人单位依法缴纳社会保险费的法定义务。

【关键词】 缴纳社会保险费　法定义务　劳动者同意　约定无效　补缴社会保险费

【维权案例】

杨龙义于 2008 年 3 月进入某食品公司工作，工作岗位为操作工，双方签订《劳动合同书》。工作期间，食品公司没有为杨龙义缴纳社会保险。2014 年 6 月 24 日，杨龙义以食品公司未为其缴纳社会保险为由提出解除劳动合同，并向食品公司邮寄了《解除劳动合同通知书》。

食品公司主张其未为杨龙义缴纳社会保险的原因是其本人曾向单位写了自愿不缴纳社会保险的保证书，所以未缴纳社会保险的责任在于杨龙义本人，不同意支付解除劳动合同经济补偿金。

仲裁委审理后认为，根据《社会保险法》及相关规定，用人单位应自用工之日起 30 日内为劳动者办理社会保险缴纳手续。

【案例评析】

缴纳社保是强制义务，不依当事人意志改变。杨龙义于 2008 年即进入食品公司工作，虽然写了自愿不缴纳社会保险的保证书，但是依法缴纳社会保险是《社会保险法》和《劳动法》规定的劳动关系双方的义务，《劳动法》第 72 条规定："社会保险基金按照保险类型确定资金来源，逐步实行社会统筹。用人单位和劳动者必须依法参加社会保险，缴纳社会保险费。"可见，依法缴纳社会保险是法律规定的一项强制性义务，即便是杨龙义写了保证书也是违法的，食品公司的主张不能够作为其未为杨龙义缴纳社会保险的理由。根据《劳动合同法》第 38 条第 1 款第 3 项的规定，用人单位未依法为劳动者缴纳社会保险费的，劳动者可以解除劳动合同，用人单位还需要支付解除劳动合同经济补偿金。

依法缴纳社会保险虽然让用人单位承担一些费用，但却可以规避可能发生的风险，如：用人单位依法缴纳了工伤保险，劳动者发生工伤意外时所引发的支付工伤待遇的主要义务由工伤保险基金支付，医疗、生育、失业、养老等也类似，但如果用人单位未依法缴纳社会保险造成劳动者损失的，用人单位是要承担赔偿责任的，孰轻孰重不言自明。

4. 发放社保补贴不能免除用人单位办理社保义务

【权利提示】用人单位为劳动者发放社保补贴不能免除用人单位为劳动者办理社保的法定义务，劳动者有权解除劳动合同并要求用人单位补办社会保险、支付经济补偿金。

【关键词】社保补贴　办理社保手续　缴纳社会保险费　法定义务　解除劳动合同　经济补偿金

【维权案例】

郝静业于 2011 年 5 月进入江苏某物业公司合肥分公司担任项目经理职务，双方签订目标责任状约定年薪 10 万元，而之后双方签订劳动合同书约定基本工资为 2000 元，工作时间按标准工时工作制。工作期间，物业公司未给郝静业缴纳各种社会保险。2012年 4 月，双方发生争议，郝静业离职并提起劳动仲裁要求用人单位补办社会保险并支付经济补偿金、工资等。物业公司则认为双方口头约定不办理社会保险，由公司每月支付郝静业 500 元社保补贴，总计已支付 5000 元。仲裁委裁决支持郝静业的请求，物业公司不服向法院提起诉讼。法院经审理后依法判决解除双方之间的劳动关系，物业公司为郝静业补办用工期间的各项社会保险，并支付郝静业未发工资、经济补偿金等。

【案例评析】

为劳动者办理社会保险是用人单位应当履行的强制性义务，关系到社会公共利益和劳动者的长远利益。而对于劳动者来说，办理社会保险也不仅是其所享有的合法权益，同样也是一种法定义务。因此，建立劳动关系后，用人单位和劳动者均应积极主动地参加社会保险，不能为了眼前利益而放弃了社保的长期保障。

本案中用人单位以发放"社保补贴"的形式来规避其应当为劳动者缴纳社会保险的用工责任，但为劳动者办理社会保险是不可推卸的法律责任，并不能因用人单位支付了所谓"社保补贴"而免除。作为用人单位，应当严格按照法律规定为劳动者办理各项社会保险，承担自己应尽的社会责任。

5. 用人单位未依法为劳动者缴纳养老保险费被判赔偿劳动者损失

【权利提示】用人单位未依法为劳动者缴纳养老保险费，导致劳动者未能享受养老保险待遇，劳动者有权要求用人单位赔偿损失。

【关键词】养老保险费　　养老保险待遇　　赔偿损失

【维权案例】

2007 年 2 月，冯启生开始在重庆市江津区某机械有限责任公司上班。2007 年 11 月 9 日至 2012 年 8 月 15 日，机械公司先后三次与冯启生签订了书面劳动合同，但未为冯启生缴纳养老保险费。2012 年 7 月 5 日，冯启生以机械公司未给其参加社会保险为由，向机械公司发出《解除劳动合同通知书》，要求解除双方之间的劳动关系，机械公司于次日收到该通知书。此后，冯启生提起仲裁、诉讼，要求机械公司赔偿养老保险待遇损失。

法院经审理认为，《最高人民法院关于审理劳动争议案件适用法律若干问题的解释（三）》第 1 条规定："劳动者以用人单位未为其办理社会保险手续，且社会保险经办机构不能补办导致其无法享受社会保险待遇为由，要求用人单位赔偿损失而发生争议的，人民法院应予受理。"冯启生在机械公司工作期间，机械公司未依法为其缴纳养老保险费，故机械公司应承担冯启生在其单位工作时间年限相应的损害赔偿责任。赔偿数额应当以上年度统筹区域社会平均养老金为标准，按照劳动者在用人单位的工作年限与以统筹区域人口平均预期寿命计算的享受养老保险待遇的年限的比例进行计算。重庆市江津区 2011 年度社会平均养老金标准为 1515.33 元/月，重庆地区人口平均预期寿命 75.7 岁，冯启生在该机械公司的工作时间为 5.33 年，故该机械公司应当支付冯启生养老保险待遇损失 101 442.51 元（1515.33 元/月×12 月/年×15.7 年×5.33/15 年）。

【案例评析】

劳动者以用人单位未为其缴纳养老保险费致使其不能依法享受养老保险待遇为由，请求用人单位赔偿养老保险待遇损失的，人民法院应当予以支持。养老保险待遇损失应当以上年度统筹区域社会平均养老金为标准，按照劳动者在用人单位的工作年限与以统筹区域人口平均预期寿命计算的享受养老保险待遇的年限的比例进行计算。

6. 用人单位未给服务期内的劳动者办社保，劳动者辞职无需返还培训费用

【权利提示】用人单位与劳动者约定了服务期，但用人单位未依法为劳动者缴纳社会保险费的，劳动者可以单方解除劳动合同，并且不属于违反服务期约定，用人单位不得要求劳动者支付违约金。

【关键词】服务期　缴纳社会保险费　解除劳动合同　违约金

【维权案例】2011 年 1 月 1 日，刘德龙与某铸造公司签订了为期 5 年的书面劳动合同，合同期限为 2011 年 1 月 1 日至 2015 年 12 月 31 日。刘德龙在铸造公司工作后，铸造公司安排刘德龙到相关培训机构参加了培训，并支付了 2 万元的培训费用。双方还自愿签订了《培训协议》，约定了服务期为 5 年，自 2011 年 1 月 1 日至 2015 年 12 月 31 日。2012 年 12 月刘德龙以铸造公司未为其缴纳社会保险费为由向用人单位提出辞职，没有按照《培训协议》的约定赔偿铸造公司剩余服务期的培训费用。刘德龙为铸造公司工作期间，铸造公司没有为其缴纳各项社会保险费，且刘德龙工作期间，多次要求铸造公司为其缴纳未果，刘德龙据此离职。铸造公司提起仲裁申请，请求刘德龙支付其剩余服务期的培训费用 12 000 元。仲裁委依法裁决驳回铸造公司的仲裁请求。

【案例评析】

《劳动法》第 72 条规定，用人单位和劳动者必须依法参加社会保险，缴纳社会保险费。《社会保险法》第 58 条规定，用人单位应当自用工之日起 30 日内为其职工向社会保险经办机构申请办理社会保险登记。《劳动合同法》第 38 条第 3 款规定用人单位未依法为劳动者缴纳社会保险费的，劳动者可以解除劳动合同。本案中，虽然铸造公司与刘德龙签订了《劳动合同》和《培训协议》，但铸造公司并没有按照法律规定和劳动合同的约定为刘德龙缴纳各项社会保险费。据此，劳动者有权提出解除劳动合同。《劳动合同法实施条例》第 26 条规定，用人单位与劳动者约定了服务期，劳动者依照劳动合同法第 38 条的规定解除劳动合同的，不属于违反服务期的约定，用人单位不得要求劳动者支付违约金。因此，本案用人单位属违法在先，不能依照用工后签订的《培训协议》来强行约束刘德龙，故驳回铸造公司的仲裁请求。

7. 用人单位未为劳动者办理医疗保险应承担医保责任

【权利提示】 劳动者依法享有社会保险和福利的权利，用人单位未为劳动者办理社会保险导致造成劳动者损失的，劳动者有权要求用人单位赔偿损失。

【关键词】 缴纳社会保险费　医疗保险　法定义务　赔偿损失

【维权案例】

程卫国于 2009 年 9 月至安徽某印务公司工作。由于印务公司于 2010 年 11 月参照本单位农民工标准为程卫国办理了农民工类保险，导致双方解除劳动关系后程卫国无法按照当地城镇居民标准续交包括医疗保险费在内的社会保险费用。2011 年 11 月 16 日至 12 月 1 日，程卫国患病住院治疗，支付医疗费 19 993 元，其中医保外费用 634 元。由于程卫国离职后至 2011 年 11 月期间无法办理城镇职工医疗保险的转移和接续手续，因而丧失了享受当期职工医疗待遇的权利，自行承担了全部医疗费。程卫国遂向法院起诉，要求印务公司承担其未享受医疗保险的损失。

法院审理认为，程卫国系当地城镇居民，但印务公司仅为其办理了农民工类保险，导致其离职后丧失了享受当期职工医疗保险待遇的权利。印务公司的行为违反了法律规定，因此判决程卫国在住院期间所支付的医疗费中，本应由医保统筹金支付的 16 283 元由印务公司承担。

【案例评析】

用人单位为劳动者办理社会保险系法定的强制义务，更是关系民生的社会义务，因用人单位未按法律、行政法规的规定迟交、少交和不交社会保险费用而导致劳动者未能享受相关的社会保险待遇的，用人单位应当承担相应的法律责任。本案中，由于印务公司为城镇居民办理农民工类保险，导致原职工程卫国住院期间未能享受医疗保险待遇，由此产生的应由医保统筹基金支付的医疗费用应由印务公司负担。劳动者依法享有社会保险和福利的权利，随着用工市场的健全，用人单位应积极按照相关法律规定为劳动者办理各项社会保险，用人单位未为劳动者办理社会保险导致劳动者损失的，劳动者有权要求用人单位赔偿损失。

8. 用人单位未缴纳社保费，劳动者未以此为由通知用人单位擅自离岗视为旷工

【权利提示】用人单位未依法为劳动者缴纳社会保险费的，劳动者可以解除劳动合同。但劳动者通知用人单位解除劳动合同时需写明解除理由为用人单位未依法缴纳社会保险费，否则劳动者擅自离岗视为旷工，无法获得经济补偿金。

【关键词】缴纳社会保险费　解除劳动合同　通知用人单位
经济补偿金

【维权案例】

张仲谋于 2004 年 7 月 25 日进入某造船公司工作，2014 年 3 月 24 日张仲谋离职，离职时未办理相关离职手续。张仲谋工作期间与造船公司签订了书面劳动合同一份，合同中载明了双方的住址、

联系方式，并约定"上述地址和邮箱作为甲方送达乙方法律文书的唯一方式，如有变更乙方有义务在5天内通知甲方，否则视为甲方已送达"，该份劳动合同有张仲谋签名。造船公司于2014年3月28日通过中国邮政速递物流向张仲谋邮寄送达了一份内容为"因你擅自离开工作岗位，现通知你3日内到公司上班，否则由此造成的一切责任后果由你个人承担"的《限期回公司通知书》，在该通知书的投递回执单中显示妥投，本人签收。2014年4月15日造船公司按照劳动合同上约定的地址，通过中国邮政速递物流向张仲谋邮寄送达了一份内容为"因你自动离职已达15天，已严重影响公司的正常工作，严重违反了公司的规章制度，根据《劳动合同法》第三十九条相关规定，现通知与你解除劳动合同，请你5日内到公司办理相关手续"的《解除劳动合同通知书》，在该通知书的邮寄回执单中显示"妥投，他人签收"。2014年11月21日，张仲谋以造船公司未依法为其缴纳社会保险费为由提出仲裁申请，请求：1. 解除张仲谋与造船公司之间的劳动合同；2. 造船公司支付解除合同的经济补偿金。

仲裁委员会经过审理，根据《劳动争议调解仲裁法》第6条和《劳动合同法》第38条第3项、第39条、第46条规定，裁决驳回张仲谋的仲裁请求。

【案例评析】

张仲谋系于2014年3月24日在没有证据证明履行请假或者告知造船公司要与其解除劳动合同的情况下，离开工作岗位的。造船公司在张仲谋离开工作岗位后先后两次通过中国邮政速递物流向其邮寄送达了《限期回公司通知书》和《解除劳动合同通知书》，且两份通知书均已妥善送达。在《解除劳动合同通知书》中明确因张仲谋自动离职、严重影响公司工作、双方解除劳动合同的意思表示，张仲谋在收到《解除劳动合同通知书》数月后才提出劳动争议仲裁申请，因此，对张仲谋要求确认其因造船公司未依法缴纳社会保险费而离职、双方劳动合同解除的仲裁请求，依据不足。

《劳动合同法》第38条第3项规定了因用人单位未依法为劳动

者缴纳社会保险费的，劳动者可以解除劳动合同。这是法律对于用人单位不依法及时足额缴纳社会保险费侵犯劳动者合法权益时，赋予劳动者的合同解除权，但是这里的合同解除权与自动离职是有本质区别的。自动离职是指职工终止劳动关系时不履行解除手续，擅自离岗或者解除手续没有办理完毕而离开单位。张仲谋应当在离职时通知造船公司因其未依法缴纳社会保险费而与其解除劳动合同，并要求造船公司支付经济补偿金。本案中，张仲谋没有行使自己的劳动合同解除权。造船公司作为用人单位，在张仲谋离职后按照《劳动合同法》第 39 条、第 50 条的规定与张仲谋解除劳动合同，并按照程序送达了《限期回公司通知书》和《解除劳动合同证明书》。因此，综合考量庭审和调查情况，张仲谋与造船公司解除劳动合同的事实不符合《劳动合同法》第 46 条规定的用人单位应当支付经济补偿金的情形。对于张仲谋请求造船公司支付其解除劳动关系经济补偿金，仲裁委员会不予支持。

9. 从事危害作业，全程都要健康检查

【权利提示】用人单位对从事接触职业危害的作业的劳动者应当按照规定进行全程健康检查，用人单位没有对劳动者进行健康检查，劳动者在用人单位工作期间被诊断为职业病的，用人单位应向劳动者支付工伤保险待遇。

【关键词】危害作业劳动保护　健康检查　职业病　工伤保险待遇

【维权案例】

叶琳于 2006 年 3 月 2 日进入长发纸箱厂印刷车间从事磨光工序工作。工作中接触复膜油、磨光油、UV 油、甲苯等有毒物质。2008 年 1 月 2 日叶琳离职，2009 年 2 月 2 日叶琳进入红星包装公司工作，工作中亦接触复膜油、磨光油、UV 油、甲苯等有毒物质。叶琳从长发纸箱厂离职，进入红星包装厂工作，两公司均没有为叶琳进行职业病体检。2010 年 6 月 20 日，广东省职业病防治院诊断叶琳患有"职业性慢性重度苯中毒"（再生障碍性贫血）。叶琳一

直住院治疗。佛山市顺德区劳动和社会保障局于 2010 年 7 月 23 日认定叶琳为工伤。佛山市劳动能力鉴定委员会于 2010 年 8 月 17 日鉴定叶琳为二级伤残，部分护理依赖。

2004 年至 2010 年佛山市顺德区职业病预防控制中心对红星包装公司印刷车间进行了定期卫生监测。2010 年 5 月 24 日的监测结果显示上光工段的甲苯浓度超过国家卫生标准，并提出如下整改意见：上光工段必须加强通风排毒。其余的监测报告显示联合包装车间内的苯、甲苯等毒物监测项目符合国家卫生标准。

2010 年 9 月 7 日，叶琳提出与红星包装公司解除劳动关系，并要求红星包装公司承担相关工伤赔偿。但红星包装公司认为叶琳的职业病形成于长发纸箱厂工作期间，叶琳在红星包装公司工作时间尚短，不足以形成职业病。双方对应否由红星包装公司承担职业病赔偿责任发生争议，叶琳向当地劳动争议仲裁委员会申请仲裁，要求红星包装公司向叶琳支付一次性伤残补助金、一次性工伤医疗补助金及伤残津贴等赔偿项目。仲裁委支持了叶琳的请求，红星包装公司不服向法院提起诉讼。

法院经审理认为，叶琳先后在长发印刷厂和红星包装公司工作，工作中均接触甲苯等有毒物质，均有可能导致叶琳患上"职业性慢性重度苯中毒"的职业病。红星包装公司虽然提出叶琳系在长发印刷厂工作期间导致职业病的抗辩，但红星包装公司不能就叶琳在长发印刷厂工作与叶琳的职业病之间存在直接因果关系进行举证，而本案现有证据可以确定叶琳在红星包装公司的工作岗位可以导致其患上职业病，且叶琳仅要求红星包装公司向其承担职业病损害赔偿的责任。故法院依据叶琳的请求及本案的相关证据判令红星包装公司向叶琳承担支付一次性伤残补助金、一次性工伤医疗补助金及伤残津贴等赔偿项目。

【案例评析】

根据《职业病防治法》第 35 条的规定，对从事接触职业病危害的作业的劳动者，用人单位应当按照国务院卫生行政部门的规定组织上岗前、在岗期间和离岗时的职业健康检查，并将检查结果书面告知劳动者。该条规定不仅是赋予用人单位在岗前、岗中和离岗时为劳动者进行职业健康检查的义务，同时也是对劳资双方的保护。当前，用人单位和劳动者均不同程度地存在职业病防范意识薄弱、用人单位在职业病防护设备、用品方面投入和关注度欠缺等情况，致使部分行业职业病高发。而在当前的用工环境中，又普遍存在人员流动大的现象，不少劳动者在经营项目相同或相近的企业间流动，当职业病被确诊后，导致责任主体相互扯皮、互相推脱的情况。如果企业严格按照《职业病防治法》第35条的规定执行，可以避免因责任主体不明而导致的争议。对劳动者而言，如果用人单位没有依法为其进行岗前、岗中或离岗时的健康检查，在岗期间或离岗后被诊断为职业病，可以要求用人单位承担工伤赔偿责任。

10. 用人单位应向劳动者发放防暑降温费

【权利提示】用人单位在高温天气安排劳动者工作的，应当向采取措施保障劳动者的身体健康和生命安全，并按照规定向劳动者发放防暑降温费。

【关键词】生命权 健康权 高温天气 劳动保护 防暑降温费

【维权案例】

小彭于2012年10月成为淄博某陶瓷公司的一名工人，2014年11月离职后，小彭将陶瓷公司告到了劳动争议仲裁委员会和法院，要求陶瓷公司支付其在职期间的防暑降温费。最后，法院认为没有证据显示小彭在陶瓷公司工作时属于室外或高温作业人员，只判令陶瓷公司按非高温作业人员的高温津贴标准80元/人/月（每年4个月）向小彭支付工作期间的防暑降温费640元。陶瓷公司对这样的结果百思不得其解，既然法院认定小彭不是室外或高温作业人员，那为什么还要判决陶瓷公司向他支付防暑降温费呢？

【案例评析】

防暑降温费是保证在炎夏季节高温条件下经济建设和企业生产经营活动的正常进行，保障企业职工在劳动生产过程中的安全和身体健康，应由用人单位向相应劳动者额外发放的津贴。不少老板听到"防暑降温费"这个名词的第一个反应往往都是："啥？天儿热的时候我还要另外给打工仔发补贴？凭什么？我没听说过！"事实上，国务院有关部门在 2007 年 6 月 8 日就已经发布了《关于进一步加强工作场所夏季防暑降温工作的通知》（已失效），明确规定用人单位安排劳动者在高温天气下（日最高气温达到 35℃ 以上）露天工作以及不能采取有效措施将工作场所温度降低到 33℃ 以下的（不含 33℃），应向劳动者支付高温津贴，具体标准由省政府或省级劳动保障部门制定。而小彭应得的防暑降温费是根据山东省人民政府 2011 年 7 月 25 日公布的《山东省高温天气劳动保护办法》主张并得到法院支持的。

《山东省高温天气劳动保护办法》要求用人单位建立健全防暑降温工作制度，在高温天气期间，应当合理安排工作时间，减轻劳动强度，采取有效措施，保障劳动者身体健康和生命安全。该办法同时规定，用人单位不得强迫劳动者在高温天气工作，因高温天气停止工作、缩短工作时间，用人单位不得扣除或者降低劳动者工资。除此之外，用人单位应当向劳动者发放夏季防暑降温费，向劳动者提供必需的劳动保护设施和个人防护用品，用人单位还应当在高温工作环境下设立休息场所，并设有座椅，保持通风良好或者有空调等防暑降温设施。

在实践中，有些用人单位在夏季往往会向劳动者发放降温茶、清凉饮料甚至西瓜，而不发放防暑降温费。但《山东省高温天气劳动保护办法》第 10 条明确规定："用人单位应当按照规定向高温天气期间工作或者户外露天作业的劳动者供给足够的符合卫生标准的清凉饮料和含盐饮料；提供的清凉饮料不能充抵防暑降温费。"

因此，按照规定向劳动者发放防暑降温费是用人单位的法定义务，劳动者有权要求用人单位支付工作期间的防暑降温费。根据山东省人力资源与社会保障厅的规定，防暑降温费每年发放 4 个月，即 6 月、7 月、8 月和 9 月。2011 年起标准为高温或室外作业人员 120 元/人/月，非高温或室外作业人员 80 元/人/月。所以，在本案中，小彭作为非高温或室外作业人员，应得的防暑降温费为 2013 年、2014 年各 4 个月，共计 8 个月 640 元。

需要说明的是，自 2015 年 8 月 1 日起，山东省人力资源与社会保障厅调整了防暑降温费标准，高温与室外作业人员的标准为 200 元/人/月，非高温与室外作业人员为 14 元/人/月。

女工也顶半边天——女职工权益保障篇

1. 用人单位不能以女职工未婚先孕为由解除劳动合同

【权利提示】

已达到法定婚龄的女职工未婚先孕的行为不违反国家法律规定，孕期女职工受法律特殊保护，用人单位不得以女职工未婚先孕为由解除劳动合同，否则劳动者有权要求用人单位继续履行劳动合同。

【关键词】 女职工　未婚先孕　违法解除劳动合同　继续履行劳动合同

【维权案例】

王莉莉于 2008 年 8 月受聘到合肥某测绘公司工作。2011 年 1 月，王莉莉告知单位其已怀孕，因有先兆流产症状请假保胎，并于 2011 年 2 月 12 日至 2 月 16 日期间住院治疗。因王莉莉当时未婚，测绘公司要求其尽快办理结婚登记手续及领取准生证明。2011 年 2 月 15 日，测绘公司召开专题会议，研究决定以王莉莉违反计划生育条例为由将其辞退，当日将辞退通知送达王莉莉。同日，王莉莉办理了结婚登记手续，并于同年 2 月 28 日领取生殖保健服务证。

此后，王莉莉于 2011 年 3 月申请仲裁，后王莉莉不服仲裁诉至法院。合肥市庐阳区人民法院判决：确认测绘公司单方解除与王莉莉的劳动合同的行为无效，双方劳动合同继续履行。

测绘公司不服上述判决并提出上诉。合肥市中级人民法院认为，测绘公司的规章制度中并未将未婚先孕列为解除合同的事由，王莉莉虽系未婚先孕，但其已达到法定婚龄，生育前已领取结婚证和生殖保健服务证，其怀孕及生育行为不违反国家相关法律规定，测绘公司以未婚先孕违反法律法规为由辞退王莉莉，依据不足。二审判决：驳回上诉，维持原判。

【案例评析】

《劳动合同法》明文规定，女职工在孕期、产期、哺乳期的，用人单位不得依照该法第40条、第41条的规定解除劳动合同。虽然该条款并非对解除与"三期"女职工劳动关系的绝对限制，但可以看出对"三期"女职工应给予特殊保护。

王莉莉虽存在未婚先孕行为，但其已达到法定婚龄，生育前已领取结婚证和生育保健服务证，其怀孕及生育行为不违反国家相关法律规定，测绘公司以未婚先孕违反法律法规为由辞退王莉莉，不符合劳动合同法的相关规定，法院判决依法保护了女职工合法的孕期权益。

【维权图解】 用人单位可以与"三期"女职工解除劳动合同的情形

1. 女职工"三期"是指孕期、产期与哺乳期。

2. 用人单位可以单方解除"三期"女职工劳动合同的情形：

（1）女职工在试用期间被证明不符合录用条件；

（2）女职工严重违反用人单位的规章制度；

（3）女职工严重失职，营私舞弊，给用人单位造成重大损害；

（4）女职工同时与其他用人单位建立劳动关系，对完成本单位工作任务造成严重影响，经用人单位提出，拒不改正；

（5）女职工以欺诈、胁迫的手段或乘人之危，使用人单位在违背真实意思的情况下订立或者变更劳动合同；

（6）女职工被依法追究刑事责任。

3. 除以上情形外，用人单位单方解除与"三期"女职工劳动合同的，属于违法解除劳动合同，用人单位应当向女职工支付赔偿金。

图表24　用人单位可以与"三期"女职工解除劳动合同的情形

2. 女职工休产假期间用人单位不能只按最低 工资标准发放工资

【权利提示】国家依法保护女职工在休产假期间的合法权益，女职工在产假期间享有的工资福利应当与休产假前的工资福利基本一致，用人单位应当视同女职工提供正常劳动并支付其工资。

【关键词】女职工　产假　工资标准　福利待遇

【维权案例】

张艳丽于 2011 年 4 月 25 日到某服装公司工作，2012 年 11 月 2 日，张艳丽和服装公司解除劳动关系。张艳丽于 2012 年 6 月 27 日至 2012 年 11 月 2 日期间休产假。张艳丽休产假前 1 年，服装公司每月支付其技术津贴 2000 元、住房津贴 450 元、交通津贴 200 元。在张艳丽休产假期间，服装公司以张艳丽未在岗工作为由扣除各项津贴，仅按当地最低工资标准给张艳丽发放工资。张艳丽与服装公司解除劳动关系时要求补发休产假期间的工资，服装公司不同意。此后，张艳丽向当地劳动争议仲裁委员会申请劳动仲裁，要求服装公司补发 2012 年 6 月 27 日至 2012 年 11 月 2 日期间的产假工资 10 415 元。劳动争议仲裁委员会裁决服装公司支付张艳丽产假工资差额 9800 元。服装公司不服向法院提起诉讼，经审理后，法院判决服装公司支付张艳丽产假工资福利差额 10 415 元。

【案例评析】

国家保护女职工在休产假期间的合法权益，女职工在产假期间享有的工资福利应当与休产假前的工资福利基本一致，用人单位应当视同女职工提供正常劳动并支付其工资。

本案中的女职工属于晚育，按当地当时的规定可享受产假 128 天，其休产假前 1 年每月的工资福利包括技术津贴 2000 元、住房津贴 450 元、交通津贴 200 元等，故用人单位应当按照女职工休产假前的工资福利待遇标准足额支付女职工产假期间的工资待遇。

【维权图解】 女职工产假休假天数与待遇

　　1. 女职工生育应当享受的产假天数：

　　（1）女职工生育享受 98 天产假，其中产前可以休假 15 天；

　　（2）女职工生育时难产的，增加产假 15 天；

　　（3）女职工生育多胞胎的，每多生 1 个婴儿，增加产假 15 天。

　　2. 女职工流产应当享受的产假天数：

　　（1）女职工怀孕未满 4 个月流产的，享受 15 天产假；

　　（2）女职工怀孕满 4 个月流产的，享受 42 天产假。

　　3. 特别说明：各省、自治区和直辖市可以通过地方性法规增加女职工应享受的产假天数。

　　4. 女职工生育享受生育保险待遇，包括生育医疗费和生育津贴。用人单位已经缴纳生育保险费的，女职工享受的生育保险费由生育保险基金支付，未缴纳的，由用人单位支付。

　　5. 生育津贴按女职工所在用人单位上年度职工月平均工资计发。对未参加生育保险的，按照女职工产假前工资的标准由用人单位支付。

图表 25　女职工产假休假天数与待遇

3. 怀孕女职工请假休息被用人单位以旷工为由辞退

【权利提示】 女职工因怀孕身体不适无法从事劳动的，用人单位应当根据医疗机构的证明，允许女职工请假休息。怀孕女职工根据医疗机构的证明请假休息的，用人单位不得以旷工为由与女职工解除劳动关系。

【关键词】 女职工　孕期　休息休假　违法解除劳动合同

【维权案例】

卓林于 2009 年 6 月 9 日应聘南京某保健器材营销服务中心，

从事销售按摩椅的工作。同年8月1日，双方签订书面劳动合同，期限为两年。2009年12月10日，卓林向单位请假，内容为"因本人怀孕反应过大，不能正常上班，特请假休息，望领导批准"。同日，单位副总同意卓林请假，卓林于是回家休息。2009年12月22日，卓林因妊娠剧吐到医院就诊，医院诊断证明书建议卓林休息治疗。2010年2月24日，营销中心以卓林旷工违反劳动纪律为由，解除双方劳动合同。解除劳动合同后，销售中心才把批注"同意休息半月"的请假单交给卓林。

卓林认为营销中心违法解除劳动合同侵犯了其合法权益，于是向当地劳动争议仲裁委员会申请仲裁，请求裁决营销中心支付违法解除劳动合同赔偿金。仲裁委员会经审理后做出裁决，认为营销中心未能举证证明卓林请假时告知了其准假期限。此后卓林的就诊证明也印证了其妊娠反应需要休假的事实，卓林因怀孕不适而作相应的休息符合常理，营销中心主张卓林2009年12月22日起旷工没有依据，并以此解除劳动合同属于违法解除，遂裁决支持了卓林的仲裁请求。

【案例评析】

我国劳动法对怀孕期间的女职工实行特殊保护。根据《女职工劳动保护特别规定》第5条规定："用人单位不得因女职工怀孕、生育、哺乳降低其工资、予以辞退、与其解除劳动合同或者聘用合同。"该规定第6条对孕期女职工劳动保护予以特别规定："女职工在孕期不能适应原劳动的，用人单位应当根据医疗机构的证明，予以减轻劳动量或者安排其他能够适应的劳动。对怀孕7个月以上的女职工，用人单位不得延长劳动时间或者安排夜班劳动，并应当在劳动时间内安排一定的休息时间。怀孕女职工在劳动时间内进行产前检查，所需时间计入劳动时间。"

孕期保护是保证女职工身体健康、胎儿正常发育、优生优育的重要一环。因此，给予怀孕期间女职工特殊保护不仅对劳动者本人意义重大，对于用人单位甚至全社会都有着积极意义。用人单位唯有以"老吾老以及人之老，幼吾幼以及人之幼"的情怀来对待每一位员工，才能获得员工将企业视为大家庭的回报。如此才能实现企业与员工的共赢，企业的发展才更有可持续性。否则，企业若只一味地想压榨员工的劳动力，在员工怀孕时便想方设法地将员工辞退，其遭受的将不仅是员工的抗议，更会得到法律的制裁。

【维权图解】 孕期女职工的劳动保护

> 1. 女职工在孕期不能适应原劳动的，用人单位应当根据医疗机构的证明，予以减轻劳动量或者安排其他能够适应的劳动。
> 2. 对怀孕7个月以上的女职工，用人单位不得延长劳动时间或者安排夜班劳动，并应当在劳动时间内安排一定的休息时间。
> 3. 怀孕女职工在劳动时间内进行产前检查，所需时间计入劳动时间。

图表26　孕期女职工的劳动保护

4. 女职工哺乳期能否被调岗安排上夜班？

【权利提示】对哺乳未满1周岁婴儿的女职工，用人单位不得延长劳动时间或者安排夜班劳动。

【关键词】 女职工　哺乳期　劳动保护　调岗　延长劳动时间　夜班劳动　违法解除劳动合同　赔偿金

【维权案例】

麦少玲于2012年12月1日入职广州俊斧公司，工作岗位是车间质检员。2014年9月，麦少玲怀孕，并于2015年6月开始休产假，在此期间，俊斧公司向麦少玲发放基本工资，但原有的岗位津贴500元则不予发放。2015年11月，麦少玲休完产假后回到俊斧公司继续上班。2015年12月3日，俊斧公司向麦少玲发出《调岗通知书》，将麦少玲的岗位调整为车间生产岗，并要求麦少玲到新岗位报到，按照新岗位的要求参加生产工作。麦少玲认为新岗位的福利待遇比原岗位低，而且还要上夜班，自己目前处于哺乳期不能上夜班，因此拒绝到新岗位报到上班。2015年12月20日，俊斧公司向麦少玲发出《解除劳动合同通知书》，其中载明：因麦少玲连续旷工超过10日，严重违反公司规章制度，因此解除与麦少玲的劳动合同。

　　麦少玲认为俊斧公司违法解除劳动合同，遂向当地劳动争议仲裁委员会提起劳动仲裁，要求俊斧公司支付违法解除劳动合同赔偿金、补发产假期间应享受的工资福利待遇。劳动争议仲裁委员会经审理后认为，用人单位调整劳动者工作岗位是对劳动合同内容的变更，应与劳动者协商一致。如用人单位单方调整工作岗位，首先应当合乎法律规定，并且需要证明这种调整是用人单位生产经营需要、调整后的工资水平与原岗位基本相当、不具有侮辱性和惩罚性等，否则用人单位的调岗就属于违法调岗。在本案中，麦少玲是处于哺乳期的女职工，按照劳动法的相关规定，用人单位不得安排女职工在哺乳未满1周岁的婴儿期间从事国家规定的三级体力劳动强度的劳动和哺乳期禁忌从事的其他劳动，不得安排其延长工作时间和夜班劳动。俊斧公司对麦少玲工作岗位的调整未能与麦少玲协商一致，并且安排麦少玲从事的工作岗位需要上夜班，因此，俊斧公司的行为是违法调岗。麦少玲不同意调岗并未到新岗位报到上班不能被认为是旷工，俊斧公司以麦少玲旷工严重违反公司规章制度为由与其解除劳动合同的行为没有法律依据。劳动争议仲裁委员会裁决支持了麦少玲的仲裁请求。俊斧公司不服，向法院提起诉讼，法院经审理后驳回了俊斧公司的诉讼请求。

【案例评析】

　　用人单位调整劳动者工作岗位的情况分为两种，一种是双方协商一致进行调整，另一种是用人单位单方调整。对用人单位单方调整工作岗位的情形，必须符合以下条件：①调整工作岗位是生产经营的需要；②调整工作岗位后的工资水平与原岗位基本相当；③不具有侮辱性和惩罚性；④无其他违反法律法规之情形。也就是说，用人单位单方调整工作岗位是用工自主权的体现，但是，用人单位必须尊重劳动者的职业稳定权和个人发展权，并且不得违反法律法规的规定。

我国劳动法对女职工进行特殊保护，对于哺乳期的女职工，用人单位不得安排其从事国家规定的三级体力劳动强度的劳动和哺乳期禁忌从事的其他劳动，不得安排其延长工作时间和夜班劳动。所以，俊斧公司的单方调岗行为既不合乎人情，也不合乎法律规定，因此麦少玲可以予以拒绝，俊斧公司以此为由解除劳动合同是违法的。所以，劳动争议仲裁委员会和法院支持了麦少玲的请求，维护了女职工的合法权益。

【维权图解】女职工哺乳期的劳动保护

1. 对哺乳未满1周岁婴儿的女职工，用人单位不得延长劳动时间或者安排夜班劳动。

2. 用人单位应当在每天的劳动时间内为哺乳期女职工安排1小时的哺乳时间；女职工生育多胞胎的，每多哺乳1个婴儿每天增加1小时哺乳时间。

3. 女职工比较多的用人单位应当根据女职工的需要，建立女职工卫生室、孕妇休息室、哺乳室等设施，妥善解决女职工在生理卫生、哺乳方面的困难。

图表27 女职工哺乳期的劳动保护

5. 用人单位不能以转产裁员为由与怀孕女职工解除劳动合同

【权利提示】用人单位因转产经营需要裁员的，应当符合法律规定的条件和程序，并且不得以裁减人员为由与怀孕女职工解除劳动合同。

【关键词】经济性裁员 法定程序 女职工 孕期 违法解除劳动合同 继续履行劳动合同

【维权案例】

马红梅 2010 年 3 月 1 日入职青岛某科技公司从事文员工作。2013 年 8 月马红梅怀孕后妊娠反应剧烈多次请假休息。2014 年 3 月，科技公司因转产需要裁员 10 余人，公司领导认为马红梅怀孕后经常请假，不能胜任工作，因此决定与马红梅解除劳动合同，并给马红梅 4 个月的工资作为补偿。马红梅不接受公司的决定，不同意解除劳动合同。2014 年 3 月 18 日，科技公司向马红梅送达了《解除劳动合同通知书》，其中载明公司由于转产经营不再设文员工作岗位，决定与马红梅解除劳动合同，公司向马红梅支付 12 000 元补偿金。马红梅遂向当地劳动争议仲裁委员会提出仲裁申请，要求科技公司继续履行劳动合同。

仲裁委员会经过开庭审理后作出裁决，认为科技公司违法解除劳动合同，因此支持马红梅的请求，要求科技公司继续履行与马红梅的劳动合同。科技公司不服该裁决，向法院提起诉讼。法院经审理后认为，科技公司转产经营需要裁减人员是企业的经营自主权，但是，裁减人员必须符合法律规定的条件和程序。根据《劳动合同法》第 42 条的规定，女职工在孕期、产期和哺乳期的，用人单位不得以裁减人员为由解除劳动合同。即便科技公司裁减人员符合法律规定的条件和程序，也不得与处于孕期的女职工马红梅解除劳动合同。更何况科技公司的裁员行为未向工会或全体职工说明情况，听取工会或全体职工的意见，也没有向劳动行政部门报告，程序不符合法律的规定。因此，科技公司与马红梅解除劳动合同的行为是违法的，马红梅要求继续履行劳动合同的请求应当得到支持，进而驳回了科技公司的诉讼请求。

科技公司认识到其行为的违法之处，收回了与马红梅解除劳动合同的决定，继续履行与马红梅的劳动合同。此时，马红梅已经生下一名婴儿，并开始在家休产假，科技公司按照原来的标准给马红梅发放了工资。产假结束后马红梅回到科技公司继续上班，但不久之后，马红梅与科技公司的劳动合同到期，双方没有续签劳动合同，马红梅离开了科技公司。

【案例评析】

我国劳动法保护女职工合法权益。《劳动法》第29条、《劳动合同法》第42条明确规定用人单位对孕期、产期、哺乳期的女职工不得随意解除劳动合同。这些法律规定对处于"三期"女职工的特殊保护是对用人单位单方解除权的限制。根据《劳动合同法》第40条、第41条的规定，用人单位在特定情形下可以单方解除劳动合同。但是，第42条又对用人单位的单方解除权进行了限制，其中包括对孕期、产期、哺乳期的女职工进行特殊保护，即使存在女职工患病或非因公工负伤不能胜任工作，也不能从事用人单位另行安排的工作，或女职工不能胜任工作，经培训或调岗仍不能胜任工作，或签订劳动合同时所依据的客观情况发生变化等情况，用人单位也不能与孕期、产期、哺乳期的女职工解除劳动合同。

法律对用人单位破产重整、经营困难、转产经营等情况需要裁减人员时的单方解除权也进行了限制。本案中的青岛某科技公司即因转产经营而需要裁减人员。但是，用人单位裁减人员首先要符合法律规定的条件和程序，否则用人单位单方解除劳动合同就是违法解除。其次，法律对用人单位符合法律规定条件和程序裁减人员而行使单方解除权也进行了限制，其中就包括不得裁减孕期、产期、哺乳期的女职工。所以，本案中科技公司单方解除与马红梅的劳动合同的行为是违法的，马红梅要求科技公司继续履行劳动合同得到了劳动争议仲裁委员会和法院的支持。

6. 女职工在劳动合同解除后发现解除前已怀孕，不能要求继续履行劳动合同

【权利提示】女职工与用人单位对女职工已怀孕均不知情的情况下协商解除劳动合同的行为是双方的真实意思表示，不违反法律的规定，具有法律效力。即使女职工在解除劳动合同后发现自己怀孕，也不能要求用人单位继续履行劳动合同。

【关键词】女职工　孕期　协商解除劳动合同　诚实信用　继续

履行劳动合同

【维权案例】

官婷 2012 年 1 月 10 日入职北京某广告公司工作。2013 年 1 月 10 日，官婷与广告公司签订了为期 1 年的劳动合同，其中约定官婷的月薪为 7500 元。2013 年 4 月 25 日，官婷与广告公司签订了《劳动合同变更书》，内容为："经甲（广告公司）乙（官婷）双方平等自愿、协商同意，对本合同做出以下变更：甲乙双方于 2013 年 4 月 25 日正式解除劳动关系。原期限为 2013 年 1 月 10 日至 2014 年 1 月 9 日的为期 1 年的劳动合同自劳动关系解除当日起自行解除，且甲方向乙方一次性支付 2.5 个月工资作为经济补偿金，特此变更。"当日双方办理了工作交接手续，并签署了《员工离职手续审批表》。广告公司于 2013 年 5 月 24 日以银行卡转账的方式向官婷支付了 22 374.2 元，其中包括经济补偿金、工资（已经扣除了税费和社会保险）。

2013 年 5 月 8 日，官婷到医院诊断后得知自己已经怀孕 2 个月，但在官婷与广告公司解除劳动合同时双方均不知道官婷已经怀孕的事实。2013 年 5 月 9 日，官婷打电话给广告公司人事部人员，告知其已怀孕的事实，要求恢复劳动关系，但广告公司不同意。于是官婷向当地劳动争议仲裁委员会提出仲裁申请，劳动争议仲裁委员会经审理后裁决驳回了官婷恢复与广告公司劳动关系的请求。官婷不服遂向法院提起诉讼。

法院经过审理后查明，官婷与广告公司 2013 年 4 月 25 日签订《劳动合同变更书》时双方均不知道官婷已经怀孕的事实。法院认为，广告公司与官婷签订的《劳动合同变更书》是双方协商一致解除劳动合同的行为，官婷与广告公司于当日办理了工作交接手续，此后，官婷亦未到广告公司工作。因此，官婷与广告公司签订的《劳动合同变更书》是双方真实意思表示，该《劳动合同变更书》的程序及内容不违反国家法律、法规的强制性规定，因此自双方签字后即发生法律效力，双方当事人均应遵守。据此，官婷与广告公司的劳动关系自 2013 年 4 月 25 日解除。

法院认为，官婷与广告公司是协商一致解除劳动合同，而非由广告公司单方解除劳动合同，所以，官婷主张广告公司违反了《劳动法》及《劳动合同法》有关女职工怀孕期间用人单位不得单方解除劳动合同规定的主张，法院不予采纳。因此，法院驳回了官婷的诉讼请求。宣判后双方当事人均未上诉。

【案例评析】

为保护女职工的合法权益，国家先后出台了一系列的女职工特殊保护法律法规和政策。《劳动法》第 29 条、《劳动合同法》第 42 条已明确规定了女职工在孕期、产期、哺乳期内用人单位不得解除劳动合同的有关规定。这些规定，对女职工享有特殊劳动保护权益提供了充分的法律保障。但是，对于女职工在劳动合同解除后发现劳动合同解除前已经怀孕时，能否要求用人单位继续履行劳动合同，法律并未作出明确规定。所以，应当正确理解和运用国家劳动法律法规和有关政策对女职工特殊保护的规定，作出具体分析和判断。

7. 劳动合同在哺乳期期间内届满，应依法续延至哺乳期满

【权利提示】 女职工与用人单位签订的劳动合同在女职工哺乳期期间内届满，劳动合同应当延续至哺乳期期满后终止，用人单位不得在此期间终止劳动关系。

【关键词】 女职工　哺乳期　劳动合同期满　劳动合同延续

【维权案例】

赵霞自 2013 年 9 月 1 日在某学校任职代课教师，合同期为 2013 年 9 月 1 日至 2014 年 7 月 31 日，月工资为 1600 元；2014 年 4 月 10 日赵霞开始休产假，2014 年 5 月 3 日生产。2014 年底，该学校为赵霞补缴了 2014 年 1 月至 2015 年 2 月的社会保险，赵霞的生育医疗费无法报销。经社保机构核算，赵霞的生育医疗费可列入报销费用为 3996 元。赵霞主张因学校一直拖延未给其上保险，导致

医疗费和住院费等费用无法报销，另有本该享受的许多国家法定待遇无法享受。因不服劳动争议仲裁委员会裁决，请求法院判决确认双方自 2013 年 9 月 1 日至 2015 年 5 月 2 日存在劳动关系，学校支付其终止劳动合同经济补偿金 3720 元，学校支付其生育医疗费 3996 元。学校辩称，赵霞自 2013 年 9 月 1 日至 2014 年 7 月 31 日之间与我校存在劳动关系，2014 年 4 月赵霞就没有再到单位上班，至 2014 年 7 月 31 日双方之间的劳动关系已经终止，因此不同意其诉讼请求。

法院经审理认为，孕期、产期、哺乳期的女职工受法律特殊保护。劳动合同在前述"三期"期间内届满的，用人单位不得终止劳动关系，劳动合同自动延续至"三期"期限满为止。对学校关于赵霞自动离职的主张不予采信，赵霞与学校的劳动关系应延续到赵霞哺乳期结束，故法院认定赵霞与学校自 2013 年 9 月 1 日至 2015 年 5 月 2 日存在劳动关系；赵霞与学校的劳动合同于 2015 年 5 月 3 日终止，双方不续订劳动合同，学校应该支付赵霞终止劳动合同经济补偿金；因学校没有及时为赵霞缴纳社会保险，应支付赵霞无法报销的生育医疗费用。故依法判决原、被告双方于自 2013 年 9 月 1 日至 2015 年 5 月 2 日存在劳动关系；学校支付赵霞终止劳动合同经济补偿金 3200 元及医疗费 3996 元。

【案例评析】

《劳动合同法》第 42 条规定："劳动者有下列情形之一的，用人单位不得依照本法第四十条、第四十一条的规定解除劳动合同：（一）从事接触职业病危害作业的劳动者未进行离岗前职业健康检查，或者疑似职业病病人在诊断或者医学观察期间的；（二）在本单位患职业病或者因工负伤并被确认丧失或者部分丧失劳动能力的；（三）患病或者非因工负伤，在规定的医疗期内的；（四）女职工在孕期、产期、哺乳期的；（五）在本单位连续工作满十五年，且距法定退休年龄不足五年的；（六）法律、行政法规规定的其他情形。"第 45 条规定："劳动合同期满，有本法第四十二条规定情形之一的，劳动合同应当续延至相应的情形消失时终止。但是，本法第四十二条第二项规定丧失或者部分丧失劳动能力劳动者的劳动合同的终止，按照国家有关工伤保险的规定执行。"

本案中，赵霞与学校签订的劳动合同期限为 2013 年 9 月 1 日至 2014 年 7 月 31 日，但其在 2014 年 5 月 3 日生产，至 2015 年 5 月 2 日属于赵霞的哺乳期，虽然劳动合同的终止时间为 2014 年 7 月 31 日，但根据《劳动合同法》第 45 条的规定，该劳动合同应自动延续至 2015 年 5 月 2 日。学校关于与赵霞的劳动关系在 2014 年 7 月 31 日终止的说法没有事实和法律依据，法院不予采信。

【维权图解】女职工在"三期"内劳动合同期满应当续延至"三期"期满时终止

> 劳动合同期满是劳动合同终止的情形，但女职工在孕期、产期、哺乳期劳动合同期满的，劳动合同应当续延至相应情形消失时终止，即：
>
> 1. 女职工在孕期劳动合同期满的，劳动合同应续延至哺乳期期满时终止；
>
> 2. 女职工在产期劳动合同期满的，劳动合同应续延至哺乳期期满时终止；
>
> 3. 女职工在哺乳期劳动合同期满的，劳动合同应续延至哺乳期期满时终止。

图表 28　女职工在"三期"内劳动合同期满应当续延至"三期"期满时终止

8. 怀孕期间被降低工资，法院依法判决补足

【权利提示】用人单位不得因女职工怀孕而降低其工资，也不得以调岗为由降低怀孕女职工的工资，否则劳动者有权要求用人单位补足工资差额。

【关键词】女职工　孕期　调岗　降薪

【维权案例】

2012 年 9 月 12 日，孙玉秀与某科技公司签订劳动合同，约定孙玉秀的岗位为实验室研究员，月工资为 6400 元。2014 年 4 月 1 日，孙玉秀的月工资调整为 8200 元。2014 年 7 月，孙玉秀怀孕。2014 年 8 月以后，孙玉秀每月领取工资 3000 元。科技公司称因孙玉秀不能正常履行工作职责，故对孙玉秀的工资进行相应扣减。孙玉秀在经过劳动仲裁裁决后起诉至法院，要求科技公司支付拖欠的工资 32 000 元。孙玉秀表示因其怀孕，不宜再进入实验室工作，但其一直在实验室外的办公区工作，工作内容包括撰写实验报告、整理实验数据等。

法院经审理认为：国家对女职工实行特殊劳动保护。妇女在孕期、产期、哺乳期受特殊保护，任何单位不得因结婚、怀孕、产假、哺乳等情形，降低女职工的工资。科技公司在孙玉秀怀孕期间降低其工资的做法明显违反了国家的法律规定，应当将降低工资部分补发给孙玉秀。故依法判令科技公司支付孙玉秀扣发的工资 32 000 元。

【案例评析】

《女职工劳动保护特别规定》第 5 条规定："用人单位不得因女职工怀孕、生育、哺乳降低其工资、予以辞退、与其解除劳动或者聘用合同。"本案中，科技公司主张因为孙玉秀从事的工作无法达到公司的要求，不能正常履职，故对其工资进行扣减。但根据法律规定，用人单位对女职工怀孕期间的工资不得降低，科技公司的行为违法，故法院依法判决予以补足。

9. 女职工因怀孕被解除劳动合同，法院判决继续履行

【权利提示】女职工怀孕期间，用人单位不得随意解除其劳动合同，用人单位违法解除劳动合同的，劳动者有权要求用人单位继续履行劳动合同。

【关键词】女职工 孕期 违法解除劳动合同 继续履行劳动合同

【维权案例】

李晓于 2013 年 3 月 25 日入职某装饰公司，双方签订了 2013 年 3 月 25 日至 2015 年 3 月 24 日的劳动合同，李晓的月工资为 2000 元基本工资加绩效工资。2013 年 10 月 12 日，装饰公司向李晓送达解除劳动合同通知书，称因李晓出现违反国家有关法规及有严重违反公司规章制度等情况，现根据《劳动合同法》的规定及公司的有关规章制度，决定从 2013 年 10 月 12 日起与李晓解除劳动合同。

李晓起诉至法院，称 2013 年 5 月其到医院检查确认已怀孕两个多月，随后，公司经理处处刁难，并强行解除了劳动合同。李晓认为装饰公司在其怀孕期间解除劳动合同明显违法，要求法院判令双方继续履行劳动合同。装饰公司辩称：李晓来装饰处工作时隐瞒了怀孕的事实，骗取了工作机会。2013 年 9 月份开始，李晓长期未上班，亦未提交任何请假材料，装饰解除劳动合同合法。

法院经审理认为，女职工的合法权益受国家的特殊保护。同时，在劳动争议纠纷案件中，因用人单位作出开除、除名、辞退、解除劳动合同、减少劳动报酬、计算劳动者工作年限等决定而发生劳动争议的，由用人单位负举证责任。本案中，装饰公司在 2012 年 10 月时已明确知晓原告李晓怀孕的事实及怀孕周期，作为用人单位对怀孕女员工应有一定的谅解和宽容。李晓提交了请假申请，但被装饰公司以相关证明不全而未予批准。法院认为，原告向装饰公司提交的相关证明是否齐全，并不能作为装饰公司拒绝原告休假的理由，故法院对装饰公司关于原告严重违反劳动制度的辩解不予采信，装饰公司的行为应属于违法解除。故依法判决装饰装修公司继续履行与李晓签订的劳动合同。

【案例评析】

《女职工劳动保护特别规定》第 5 条规定："用人单位不得因女职工怀孕、生育、哺乳降低其工资、予以辞退、与其解除劳动或者聘用合同。"《劳动合同法》第 48 条规定："用人单位违反本法规定解除或者终止劳动合同，劳动者要求继续履行劳动合同的，用人单位应当继续履行；劳动者不要求继续履行劳动合同或者劳动合同已经不能继续履行的，用人单位应当依照本法第八十七条规定支付赔偿金。"

本案中，装饰公司在明知李晓怀孕且其已经提交请假条的情况下，仍然以李晓违反法律规定和单位规章制度为由解除了劳动合同。装饰公司的解除行为没有事实和法律依据，故被法院判定为违法解除。按照《劳动合同法》第 48 条的规定，在用人单位违法解除劳动合同的情形下，劳动者在劳动仲裁或向法院起诉时可选择要求用人单位继续履行劳动合同，也可以要求用人单位承担违法解除赔偿金的责任，但二者只能择一。

10. 扣减女职工生育津贴，法院依法判决补足

【权利提示】女职工产假期间享受生育津贴，用人单位为女职工缴纳生育保险的，生育津贴由生育保险基金支付，用人单位未为女职工缴纳生育保险的，生育津贴由用人单位按女职工产假前的工资标准支付。

【关键词】女职工　产假　工资标准　生育津贴

【维权案例】

刘洁莹于 2008 年 9 月 6 日入职某汽车销售公司，任销售员，其月工资构成为基本工资 1800 元加考核奖金，公司为刘洁莹缴纳了生育保险费。刘洁莹在 2014 年度的月平均工资为 8108 元。刘洁莹在 2015 年 2 月 16 日至 2015 年 6 月 31 日期间休产假，社会保险经办机构核定的刘洁莹的生育津贴金额为 19 533.80 元，汽车销售公司领取了上述生育津贴，但其向刘洁莹支付的生育津贴金额为 13 413.8 元。在刘洁莹产假期间，公司按照基本工资 1800 元的标准发放了工资。后刘洁莹起诉至法院，要求判令汽车销售公司支付生育津贴差额 20 720 元。

法院经审理认为：汽车销售公司为刘洁莹缴纳了生育保险费。刘洁莹在 2014 年度的月平均工资为 8108 元，刘洁莹在 2015 年 2 月 16 日至 2015 年 6 月 31 日期间休产假，汽车销售公司领取了社会保险经办机构核定的刘洁莹的 19 533.80 元的生育津贴，但其向刘洁

莹支付的生育津贴金额为 13 413.8 元，故汽车销售公司应将上述生育津贴的差额支付给刘洁莹。刘洁莹的生育津贴金额低于刘洁莹休产假前的工资标准，虽然汽车销售公司在刘洁莹休产假期间按照基本工资 1800 元的标准发放了工资，但未补足相应的工资差额，故汽车销售公司应将相应的工资差额支付给刘洁莹。故法院依法判决汽车销售公司支付刘洁莹产假期间的工资差额 15 008.46 元。

【案例评析】

《社会保险法》第 53 条规定："职工应当参加生育保险，由用人单位按照国家规定缴纳生育保险费，职工不缴纳生育保险费。"第 56 条规定："职工有下列情形之一的，可以按照国家规定享受生育津贴：（一）女职工生育享受产假；（二）享受计划生育手术休假；（三）法律、法规规定的其他情形。生育津贴按照职工所在用人单位上年度职工月平均工资计发。"《女职工劳动保护特别规定》第 8 条规定："女职工产假期间的生育津贴，对已经参加生育保险的，按照用人单位上年度职工月平均工资的标准由生育保险基金支付；对未参加生育保险的，按照女职工产假前工资的标准由用人单位支付。女职工生育或者流产的医疗费用，按照生育保险规定的项目和标准，对已经参加生育保险的，由生育保险基金支付；对未参加生育保险的，由用人单位支付。"《北京市企业职工生育保险规定》第 15 条规定："生育津贴按照女职工本人生育当月的缴费基数除以 30 再乘以产假天数计算。生育津贴为女职工产假期间的工资，生育津贴低于本人工资标准的，差额部分由企业补足。"

本案中，汽车销售公司为刘洁莹缴纳了生育保险，但其未按照社会保险经办机构核定的数额支付刘洁莹生育津贴，实际上差额部分就是所谓的给刘洁莹发放的产假期间的基本工资数额。汽车销售公司的行为明显违反法律规定。因刘洁莹产假前的本人工资标准高于生育津贴标准，按照规定，汽车销售公司还应该补足其间的差额。另外，对未给女职工缴纳生育保险费的，用人单位应当按照女职工产假前工资的标准向女职工支付工资。

11. 怀孕职工提交假材料请病假，被合法解除劳动合同

【权利提示】 怀孕女职工向用人单位请假休息应当提供真实的医疗机构证明，如果怀孕女职工向用人单位提交虚假证明请假，用人单位可以以女职工违反规章制度为由与其解除劳动合同。

【关键词】 女职工　孕期　休息休假　虚假证明　严重违反规章制度　合法解除劳动合同

【维权案例】

2010 年 6 月 12 日，程艳入职某商贸公司，双方签订了起止期限为 2010 年 6 月 12 日至 2013 年 6 月 30 日的劳动合同。程艳于 2012 年 3 月怀孕，并在 2012 年 4 月 15 日至 2012 年 9 月 16 日期间休了病假。2012 年 10 月 12 日，商贸公司以程艳提交虚假诊断证明和门诊就诊记录为由与程艳解除了劳动合同。程艳到劳动仲裁委申诉，仲裁委裁决某商贸公司支付程艳违法解除劳动合同赔偿金 368 258 元。商贸公司不服裁决，起诉至法院。商贸公司向法庭提交了北京某妇幼保健院诊断证明书、门诊就诊记录复印件及其休假申请表，主张该组证据系程艳向其公司提交的请假材料，但经其公司核实，诊断证明书和门诊就诊记录为伪造的。其公司员工手册载明：员工提供虚假的个人信息（包括但不限于教育学历、离职证明、健康证明、体检证明、病休证明……）属于严重违纪行为，公司可立即解除与其之间的劳动合同。商贸公司主张程艳存在伪造病历请假的行为，其公司解除与程艳劳动合同的行为合法，请求法院判令其公司无需向程艳支付违法解除劳动关系赔偿金。经法院调查核实，程艳提交的门诊就诊记录并非程艳所述的医院医生所出具。法院认为，程艳存在提交虚假门诊就诊记录请假的行为，商贸公司依据员工手册规定与程艳解除劳动合同，符合法律规定，公司无需向程艳支付违法解除劳动合同赔偿金。

【案例评析】

《劳动合同法》第 39 条规定："劳动者有下列情形之一的，用人单位可以解除劳动合同：（一）在试用期间被证明不符合录用条

件的；（二）严重违反用人单位的规章制度的；（三）严重失职，营私舞弊，给用人单位造成重大损害的；（四）劳动者同时与其他用人单位建立劳动关系，对完成本单位的工作任务造成严重影响，或者经用人单位提出，拒不改正的；（五）因本法第二十六条第一款第一项规定的情形致使劳动合同无效的；（六）被依法追究刑事责任的。"本案中，程艳在向单位请病假时提交了假的门诊就诊记录，根据公司的规章制度，该种行为属于严重违反用人单位的规章制度，故单位与程艳解除劳动合同的行为是合法的，无需向其支付违法解除劳动合同赔偿金。

在劳动者严重违反用人单位规章制度时，双方之间的劳动合同就不再受《劳动合同法》第 42 条用人单位不得解除劳动合同规定的约束。因此，"三期"期间的女职工一定不要抱侥幸心理，如果真有需要，一定要走正规的请假手续，以免给用人单位合法解除劳动关系提供理由。

另外，劳动仲裁委在审理案件时，受其调查权限的限制，有时并不深入调查一些关键证据的真伪。本案中就是因为仲裁委认定程艳提交的请假材料是真实的，故裁决支持了其要求违法解除劳动合同赔偿金的申请请求。但在诉讼阶段，法院会依法履行调查权，认真调查核实相关关键证据的真伪。

12. 女职工在孕期严重违反用人单位规章制度，用人单位可以与其解除劳动合同

【权利提示】用人单位并非绝对不能与怀孕女职工解除劳动合同，如果怀孕女职工严重违反用人单位规章制度，造成了用人单位严重的经济损失，用人单位可以依法与怀孕女职工解除劳动合同，并且不需要支付经济补偿金。

【关键词】女职工　孕期　严重违法规章制度　合法解除劳动合同

【维权案例】

杨露华 2010 年 9 月 16 日进入苏州某印刷公司工作，双方签订劳动合同。印刷公司对杨露华进行入职培训，并将公司《管理规章》发给杨露华进行学习，杨露华签收了《管理规章》。《管理规章》第 22 条第 2 项规定，合同一方违反合同，造成对方损失的，应承担补偿责任。第 20 条第 8 项规定，违背义务、营私舞弊、行为不检、玩忽职守等使公司利益和名誉受到严重损害者解除劳动合同不支付相关的补偿金。第 118 条第 15 项规定，填写文件时虚报资料或擅自篡改记录或伪造各类单据、报表者予以解除劳动合同。

杨露华在职期间曾多次假冒主管签字。2014 年 9 月 8 日，当时已经怀孕的杨露华假冒主管在印刷品内容变更通知单上签字，其中两单业务中没有将变更规格的货品重新核价，按照错误价格出货导致公司损失。2014 年 9 月 21 日，印刷公司向杨露华发出《解除劳动合同通知书》。杨露华认为自己虽然工作有过失，但正处于孕期，印刷公司不能与其解除劳动合同，于是向当地劳动争议仲裁委员会提出劳动仲裁。劳动争议仲裁委员会驳回了杨露华的请求，杨露华又向法院提起诉讼。法院经过审理后查明了杨露华假冒主管签字导致印刷公司损失的事实，法院认为，劳动者在工作期间严重违反用人单位的规章制度、营私舞弊给用人单位造成重大损失，用人单位有权单方解除劳动合同。虽然杨露华处于孕期应受法律的特殊保护，但是，《劳动合同法》并未禁止用人单位依据第 39 条的规定解除与存在过错的怀孕女职工的劳动合同。因此，法院判决驳回了杨露华的诉讼请求。

【案例评析】

法律虽然对女职工的合法权益进行充分的保护，但是，需要注意的是，法律仅保护守法者和守信者，劳动者在履行劳动合同的过程中存在过错，例如严重违反用人单位的规章制度、严重失职、营私舞弊导致用人单位重大损失、违反竞业限制规定、违法犯罪等，都需承担法律责任，并且用人单位对存在过错的劳动者有权单方解除劳动合同，无论劳动者是否处于孕期、产期、哺乳期，这也是用人单位"用工自主权"的体现。有些劳动者对法律保护女职工的规定存在误解，认为处于"三期"的女职工受法律的绝对保护，用人单位绝对不可以辞退处于"三期"的女职工，其实，处于"三期"的女职工如果存在《劳动合同法》第39条规定的六种情形，用人单位仍可以解除劳动合同。

在本案中，杨露华知晓《管理规章》的规定，但其仍代主管在印刷公司文件上签字，并因工作失误造成公司损失。印刷公司依据《管理规章》的规定解除与杨露华的劳动合同合法有据，不存在恶意，无需向杨露华支付违法解除劳动合同经济补偿金。

同工就需要同酬——劳务派遣篇

1. 劳务派遣工遭遇同工不同酬，劳务公司赔差额

【权利提示】被派遣劳动者享有与用工单位的劳动者同工同酬的权利，被派遣劳动者未同工同酬的，有权要求派遣单位或用工单位补足工资差额。

【关键词】被派遣劳动者　同工同酬　工资差额　依法补足

【维权案例】

2013年8月，50多岁的王焕生与北京某劳务公司建立劳动关系，口头约定月工资为1600元，但未签订书面劳动合同。随后，王焕生被劳务公司派遣到北京某机械公司任电工。2014年9月，王焕生申请劳动仲裁，索要加班工资、未同工同酬工资差额、未签书面劳动合同二倍工资、病假工资、年休假损失、精神损害赔偿金等。2010年，仲裁机关支持了王焕生的大部分仲裁请求并作出裁决，王焕生、劳务公司、机械公司均不服，向法院提起诉讼。

庭审中，王焕生称劳务公司和机械公司均未给他同工同酬待遇，和他同一岗位做同样工作的其他电工月工资1800元，而他却只有1600元。对于未同工同酬问题，机械公司称之所以给另外两个电工1800元工资，是因为其中一个人有高级电工证，另外一个人入职时间较长。但是，机械公司未提交证据证明，法院对机械公司的说法未予认可，对王焕生要求同工同酬的诉求予以认可。

庭审中，王焕生还要求劳务公司和机械公司支付未休年休假损失，理由是他累计工龄已达25年，应享受每年15天的带薪年休假。而机械公司称王焕生在该公司连续工龄不足1年，不应享受带薪年休假。此外，王焕生还要求劳务公司支付其未签书面劳动合同二倍工资。法院经审理后依法判决劳务公司支付王焕生未同工同酬工资差额1700元、未签订书面劳动合同二倍工资差额14 110元等；判决机械公司支付王焕生未休年休假报酬差额1820元以及部分加

班费。

【案例评析】

劳务派遣是劳动者与劳务派遣单位建立劳动关系，并由劳务派遣单位派往用工单位劳动的用工形式。劳务派遣工虽然与其他普通劳动者的用工形式不同，但是，劳务派遣工仍然是受法律保护的劳动者，享有法律规定的劳动者的所有权利。

按照我国《劳动合同法》的规定，劳务派遣应当由劳务派遣单位与被派遣劳动者订立2年以上固定期限劳动合同。劳务派遣单位未与被派遣劳动者订立书面劳动合同的，应当向劳动者支付二倍工资。本案中，劳务公司未与被派遣劳动者订立书面劳动合同，因此被法院判决向王焕生支付二倍工资差额。

根据《劳动合同法》的有关规定，劳务派遣一般在临时性、辅助性或者替代性的工作岗位上实施。但是，这并不意味着劳务派遣工在工资福利、劳动保护、休息休假等方面都低人一等。《劳动合同法》明确规定，用工单位（即接受以劳务派遣形式用工的单位）必须执行国家劳动标准，提供相应的劳动条件和劳动保护，告知被派遣劳动者的工作要求和劳动报酬、支付加班费、绩效奖金，提供与工作岗位相关的福利待遇、对被派遣劳动者进行培训等。《劳动合同法》第63条特别规定："被派遣劳动者享有与用工单位的劳动者同工同酬的权利。用工单位无同类岗位劳动者的，参照用工单位所在地相同或相近岗位劳动者的劳动报酬确定。"由于被派遣劳动者的工资由劳务派遣单位支付，因此，本案中，王焕生未获同工同酬，其工资差额应由劳务公司支付。而王焕生的加班费、未休年休假损失应由用工单位，即机械公司支付。

【维权图解】 劳务派遣中的三方关系

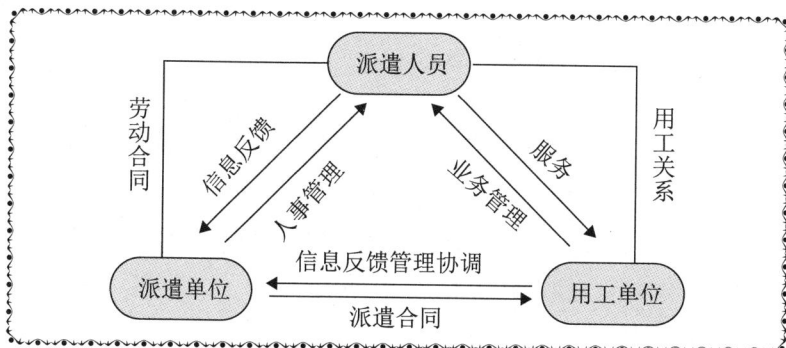

图表 29　劳务派遣中的三方关系

2. 派遣合同无效，用工单位和派遣公司连带赔偿

【权利提示】 用人单位在未按照法律规定与劳动者解除劳动合同、未变换劳动者工作岗位的情况下与劳动者签订劳务派遣合同无效，劳动关系仍然存在于劳动者与用人单位之间。

【关键词】 劳务派遣合同无效　劳动关系　用工单位　派遣单位　连带赔偿

【维权案例】

现年 59 岁的刘金于 2005 年 1 月到某煤炭公司工作，2011 年 7 月 30 日煤炭公司作出"终止劳动合同通知书"，解除与刘金的劳动关系。

实际上，刘金并没有被煤炭公司解雇，而是需要另外签订劳务派遣合同，才能继续在该煤炭公司工作。于是，同年 8 月 1 日，刘金、煤炭公司分别与外事服务公司签订劳务派遣合同、劳务派遣协议，由外事服务公司安排刘金到某煤炭公司工作：刘金由某煤炭公司管理考核并发放工资，外事服务公司为刘金办理社会保险关系。

2012 年 9 月 5 日，煤炭公司要调整刘金岗位，但刘金拒绝。9 月 6 日，煤炭公司以刘金不服从调岗、连续旷工两天为由，决定"解除公司与刘金的劳务关系"。刘金于是起诉到法院，请求确认其与该公司存在劳动关系，与外事服务公司之间的劳务派遣合同无效，判令外事服务公司承担连带责任。

法院认为，煤炭公司在 2011 年 7 月 30 日解除与刘金的劳动合同的同时没有向刘金支付经济补偿金，存在违法行为，且结合煤炭公司的经营项目，也没有充分证据证明刘金所从事的岗位具有临时性、辅助性或替代性，应认定该劳务派遣无效，刘金与煤炭公司仍存在劳动关系。由于外事服务公司作为用工单位在劳务派遣无效上存在过失，故与派遣公司承担连带责任。法院最终判决煤炭公司给付刘金未签书面劳动合同的两倍工资、解除劳动合同的经济补偿金合计 3.8 万多元，劳务派遣公司负连带责任。

【案例评析】

《劳动合同法》实施后，某些用人单位为逃避用工主体责任，降低用工成本，遂与其他派遣单位合作，在劳动者不离岗的情况下，直接完成从一般劳动者向派遣劳动者的转换。这类合同的效力必须满足两个条件，一是用人单位按照《劳动合同法》的规定与劳动者解除或终止劳动合同并支付经济补偿金，二是该劳务派遣是在临时性、辅助性或者替代性的工作岗位上实施，否则应认定劳务派遣无效，劳动合同关系仍然存在于原用人单位与劳动者之间。

3. 用人单位不得设立劳务派遣单位向本单位派遣劳动者

【权利提示】用人单位或其所属单位出资或者合伙设立的劳务派遣单位，向本单位或所属单位派遣劳动者的，劳务派遣合同无效，劳动者劳动关系的相对方仍是该实际用工单位。

【关键词】劳务派遣合同无效　劳动关系　用工单位

【维权案例】

常乐于 2003 年 10 月至某工学院饮服部门工作，任验收员。2008 年 1 月 1 日，常乐与某劳务公司签订劳务派遣合同，由该劳务公司将其派遣至原岗位工作，劳动合同期限为 2008 年 1 月 1 日至 2010 年 12 月 31 日。2011 年 1 月 1 日，常乐再次与某劳务公司签订劳动派遣合同，合同期限为 2011 年 1 月 1 日至 2013 年 12 月 31 日。某劳务公司于 2008 年 1 月 1 日起为常乐缴纳基本养老保险，自 2011 年 4 月 1 日起缴纳五项社会保险。根据常乐申请，某工学院批准其于 2011 年 12 月 1 日至 2012 年 3 月 1 日期间休产假，产假期间，按正常工资标准发放工资。2012 年 3 月 1 日产假期满后，常乐向工学院、劳务公司三次邮寄安排工作岗位申请书，均未得到回复，某劳务公司为常乐缴纳五项社会保险至 2012 年 4 月份。该劳务公司成立于 2007 年 6 月 29 日，发起人为某招待所（投资占 60%）、胡某和庄某。2008 年 7 月 14 日，某劳务公司申请新增投资人某软件公司（出资占 40%），某招待所出资比例由此变为 36%。某招待所投资人为某工学院（出资占 90%）和郑某，某工学院还持有某软件公司 5% 的股份。由于某工学院和某劳务公司拒绝为常乐安排工作，常乐诉至法院，请求确认其与某劳务公司签订的劳务派遣合同无效，某工学院为其办理解除劳动合同相关手续等。法院认为，某工学院与其他发起人投资设立某招待所和某软件公司，某招待所和某软件公司又与其他投资人设立某劳务公司，某工学院再将原雇用的常乐改为由某劳务公司派遣至本单位，该行为违反了《劳动合同法》关于用人单位不得出资或合伙设立劳务派遣单位向本单位派遣劳动者的规定，常乐与某劳务公司签订的两份派遣合同无效，常乐劳动关系和劳动合同的相对人仍为某工学院，遂判决支持了常乐的诉讼请求。

【案例评析】

用人单位为了逃避签订无固定期限劳动合同和缴纳社保等法定义务，往往喜欢雇用派遣工。尤其在 2008 年《劳动合同法》实施以后，更是想尽各种办法将原本的常用工在不改变工作岗位、工作内容的情况下转变为派遣工。其中，用人单位自己设立劳务派遣单位向本单位或所属单位派遣劳动者即是最常用的方法。对此，《劳动合同法》第 67 条规定："用人单位不得设立劳务派遣单位向本单位或者所属单位派遣劳动者。"《劳动合同法实施条例》第 28 条规定："用人单位或者其所属单位出资或者合伙设立的劳务派遣单位，向本单位或者所属单位派遣劳动者的，属于劳动合同法第六十七条规定的不得设立的劳务派遣单位。"我国劳动法律法规对劳务派遣作如此规范，目的就在于防范用人单位将本来完整的劳动关系人为分割开来，逃避法律责任，任意使用劳务派遣工。用人单位若是想再用这种方法来逃避自身的法定责任，是不会得到法院支持的。

4. 被派遣劳动者发生工伤，派遣单位和用工单位承担连带责任

【权利提示】被派遣劳动者在用工单位因工作遭受事故伤害的，劳务派遣单位和用工单位应连带承担职工工伤的保险责任，被派遣劳动者有权要求劳务派遣单位和用工单位对支付工伤保险待遇承担连带责任。

【关键词】被派遣劳动者　工伤　用工单位　派遣单位　连带赔偿

【维权案例】

刘某由甲公司派遣到乙公司工作，工作期间不幸发生工伤，乙公司将刘某退回甲公司。后甲公司与刘某解除了劳动合同，同时以工伤赔偿应由乙公司承担为由，拒绝支付一次性伤残就业补助金。无奈，刘某将甲公司、乙公司告上法庭，请求双方承担连带赔偿责任。庭审中，甲公司拿出一份与乙公司签订的劳务派遣协议，该协议明确约定由甲公司派遣员工刘某到乙公司工作，乙公司负责刘某的具体工作安排并对其进行管理，甲公司为刘某缴纳各项社会保险；如果甲公司派遣到乙公司的员工在工作期间发生了工伤，由乙公司承担赔偿责任，甲公司不承担赔偿责任。甲公司认为按照协议约定，应该由乙公司来承担赔偿责任。

法院经审理查明，甲公司并无劳务派遣资质，虽然其与乙公司签订了劳务派遣协议，但根据合同相对性原则，该协议内容只约束甲公司、乙公司，对劳动者没有约束力。现甲公司将刘某派遣到乙公司工作，在工作期间刘某遭受了事故伤害，被认定为工伤，此时应当由甲公司和乙公司连带承担工伤保险责任。据此，法院一审判决：被告甲公司、乙公司连带赔偿原告刘某的一次性伤残就业补助金。

【案例评析】

劳务派遣协议是一种特殊的劳动用工形式，是指劳务派遣单位

（用人单位）与实际用工单位签订派遣协议，在得到被派遣劳动者同意后，使其在被派企业指挥监督下提供劳动。劳务派遣的特点是劳动力雇佣与劳动力使用相分离，派遣劳动者不与用工单位签订劳动合同，不建立劳动关系，而是与派遣单位存在劳动关系，但却被派遣至用工单位劳动，形成"有关系没劳动，有劳动没关系"的特殊用工方式。为了保护劳动者的合法权益，在劳务派遣合同履行期间，如果被派遣劳动者在用工单位因工作遭受事故伤害的，则劳务派遣单位和用工单位须连带承担职工工伤的保险责任。劳务派遣单位以其与用工单位有约定为由主张不应承担工伤保险责任的，法院不予支持。但在劳务派遣单位向劳动者承担完工伤保险责任后，可按照其与用工单位约定的经济补偿办法向用工单位另行追偿相应费用。

【维权图解】 劳务派遣中的用工责任

用工责任	责任主体	
订立劳动书面合同	劳务派遣单位	
支付劳动报酬	劳务派遣单位	
缴纳社会保险费	劳务派遣单位	
告知劳动者派遣事项	劳务派遣单位	
提供劳动条件		用工单位
提供劳动保护		用工单位
告知劳动者工作要求		用工单位
告知劳动者劳动报酬		用工单位
支付加班费、绩效奖金		用工单位
提供福利待遇		用工单位
对劳动者进行培训		用工单位
工伤保险待遇	劳务派遣单位	用工单位
派遣协议无效赔偿	劳务派遣单位	用工单位

图表30　劳务派遣中的用工责任

5. 劳务派遣工遭车祸，两东家均被裁赔偿

【权利提示】 劳务派遣工发生工伤，派遣单位和用工单位应承担连带赔偿责任。

【关键词】 被派遣劳动者　第三人侵权　工伤　派遣单位　用工单位　连带赔偿

【维权案例】

马卫东是某劳务派遣公司派遣至某食品公司的员工，在 2013 年 1 月下班途中遭遇车祸，经工伤部门鉴定，其所受伤害已经达到了职工工伤与职业病致残等级标准七级。马卫东要求劳务派遣公司、食品公司向其支付工伤待遇。劳务派遣公司以社会保险应由食品公司缴纳、《劳务派遣协议》约定由该公司支付工伤待遇为由拒绝了马卫东的要求。食品公司则认为马卫东是劳务派遣员工，是与劳务派遣公司存在劳动关系，也拒绝了马卫东的要求。马卫东于是申请劳动仲裁。

仲裁委经审理后认为，按照法律规定劳务派遣公司属于用人单位，而食品公司则属于用工单位，《劳动合同法》规定，用工单位应当履行支付加班工资、绩效奖金以及与工作岗位相关福利待遇的义务。马卫东的社会保险本应由用人单位也就是劳务派遣公司为其缴纳，因未缴纳社会保险造成的工伤待遇损失应由劳务派遣公司承担，同时按法律规定，食品公司作为用工单位，承担工伤保险待遇的连带赔偿责任。

【案例评析】

劳务派遣员工发生工伤，用人用工两东家都有责任。所谓连带责任就是指将来如果劳务派遣公司不按照裁决书的裁决结果向马卫东支付相关的工伤保险待遇时，马卫东可以向人民法院申请强制执行，在申请强制执行时他既可以以劳务派遣公司作为被执行人，也可以把食品公司作为被执行人，谁有偿还能力就让谁做被执行人，多了一个选择更有利于保护马卫东的合法权益。连带责任的设立就是法律对于劳务派遣工的一项特殊保护措施。

6. 劳务派遣工的加班工资应由用工单位支付

【权利提示】在劳务派遣中，被派遣劳动者的加班工资、绩效奖金与工作岗位相关的福利待遇等均应由用工单位支付，劳动者向用工单位而非劳务派遣单位（用人单位）主张加班工资。

【关键词】被派遣劳动者 加班单位 用工单位

【维权案例】

2012 年 3 月，朱某进入一家劳务派遣公司，并被派遣至某银行宁波分行从事经济民警工作，做一天休一天，每班 12 小时。劳务公司和银行均未向朱某支付超时加班费。朱某要求劳务公司支付其延长工作时间的加班费 25 000 元。仲裁委裁决驳回朱某的申请。

【案例评析】

在劳务派遣关系中，劳务派遣单位是用人单位，应履行用人单位对劳动者的义务，包括签订书面劳动合同、支付劳动报酬、缴纳社会保险费等。但是，在劳务派遣关系中，并非所有义务都由用人单位承担，根据《劳动合同法》第 62 条的规定，被派遣劳动者的劳动条件和劳动保护的提供、加班费、绩效奖金及与岗位相关的福利待遇的提供，是用工单位，即接受劳务派遣的单位的法定义务，因此，被派遣劳动者应当向用工单位主张加班工资，在提起仲裁或诉讼时应当以用工单位为被申请人或被告。

7. 劳动者工作岗位和内容不变，劳务派遣公司变更，劳动者工作年限应合并计算

【权利提示】劳动者工作岗位和内容不变，劳务派遣公司变更，劳动者工作年限应合并计算

【关键词】被派遣劳动者 劳务派遣单位变更 工作年限 合并计算

【维权案例】

李东方于 2007 年 12 月 1 日与甲劳务派遣公司签订了两年期劳

动合同，并被派遣至乙公司从事采掘工作。2009 年 12 月 1 日劳动合同期满后，在李东方实际工作岗位和工作内容未变的情况下，按照乙公司要求，李东方又连续两次与丙劳务派遣公司签订两年期劳动合同（合同期限分别为 2009 年 12 月 1 日至 2011 年 11 月 30 日，2011 年 12 月 1 日至 2013 年 11 月 30 日）。两劳务派遣公司法定代表人为同一人。2013 年 9 月 5 日，乙公司以李东方严重违反其规章制度为由将李东方退回丙公司，后丙公司据此与李东方解除劳动合同。李东方不服，申请仲裁，要求丙公司和乙公司支付违法解除劳动合同的赔偿金，赔偿金支付年限从 2007 年 12 月 1 日起计算。经审查确认，李东方严重违反规章制度事实不成立。仲裁委员会认为乙公司违法退回李东方，丙公司违法解除申请人劳动合同，双方应承担违法解除劳动合同的连带赔偿责任。李东方一直在实际用工单位乙公司从事采掘工作，工作岗位和工作内容均未发生过变化，其原与甲劳务派遣公司签订劳动合同，后被要求与丙劳务派遣公司签订劳动合同，甲公司在双方劳动合同到期终止后也未支付李东方经济补偿金。甲公司与丙公司法定代表人为同一人，两公司有关联性，故劳动者在甲公司的工作年限应合并计算为丙公司的工作年限。因甲公司未支付过李东方终止劳动合同的经济补偿金，仲裁委员会裁决丙公司支付申请人赔偿金，赔偿金支付年限从 2007 年 12 月 1 日起计算，乙公司承担连带责任。

【案例评析】

目前，劳务派遣用工形式广泛存在，实务中也会产生一些较为突出的问题，如本案例所述，实际用工单位与不同的劳务派遣单位合作，出现了劳动者在实际用工单位工作岗位和工作内容未发生变化而与其签订劳动合同的劳务派遣单位不断变更的情形。根据最高人民法院《关于审理劳动争议案件适用法律若干问题的解释（四）》第 5 条的规定，劳动者非因本人原因从原用人单位被安排到新用人单位工作的，劳动者在原用人单位的工作年限合并计算为新用人单位的工作年限。用人单位符合下列情形之一的，应当认定属于"劳动者非因本人原因从原用人单位被安排到新用人单位工作"：（一）劳动者仍在原工作场所、工作岗位工作，劳动者合同主体由原用人单位变更为新用人单位；（二）用人单位以组织委派或任命形式对劳动者进行工作调动；（三）因用人单位合并、分立等原因导致劳动者工作调动；（四）用人单位及其关联企业与劳动者轮流订立劳动合同；（五）其他合理情形。

依据上述规定，本案中李东方虽然先后与不同的劳务派遣用人单位签订劳动合同，但其在实际用工单位工作未发生变化，用人单位发生变更并非源自劳动者本人意愿，实质上系实际用工单位与劳务派遣单位之间的自主安排，且前后两个派遣公司的法定代表人为同一人，属于关联企业，故李东方在两个劳务派遣单位的工作年限应合并计算。因原劳务派遣单位未支付过申请人终止劳动合同的经济补偿金，新劳务派遣用人单位违法解除申请人劳动合同时，计算赔偿金的年限应合并计算，实际用工单位应承担连带赔偿责任。

8. 被派遣劳动者应当遵守用工单位的规章制度

【权利提示】被派遣劳动者在用工单位工作期间应当遵守用工单位的规章制度，如果严重违反用工单位的规章制度，用工单位可以将劳动者退回劳务派遣单位，劳务派遣单位可以解除与劳动者的劳动合同，劳动者将得不到相应的经济补偿。

【关键词】被派遣劳动者　严重违反规章制度　退回派遣单位合法解除劳动合同

【维权案例】

杨树青与雷博劳务派遣公司签订有劳动合同，杨树青自2009年1月起由雷博公司派遣至某客运公司工作，工作岗位是汽车驾驶员，杨树青与客运公司签订了驾驶员上岗合同书。杨树青承诺依法执行客运公司的各项规章制度及上岗合同书，如有违反规章制度和上岗合同的行为，客运公司将视为违纪，并将杨树青退回雷博公司，雷博公司可以解除劳动合同且不支付经济补偿金。

杨树青在客运公司工作期间对客运公司的工作人员进行人身侵犯，客运公司解除与杨树青的上岗合同，并将杨树青退回雷博公司。2012年8月，杨树青提起劳动仲裁申请，随后又向法院提起诉讼，均要求客运公司和雷博公司支付违法解除劳动合同赔偿金54 252元。仲裁委员会和法院均驳回了杨树青的请求。

【案例评析】

被派遣劳动者虽未与用工单位建立劳动关系，但应在派遣期内遵守用工单位的规章制度，接受用工单位的管理，服从用工单位的合理安排。如被派遣劳动者严重违反用工单位的规章制度，用工单位有权解除与劳动者的用工关系，将劳动者退回劳务派遣单位，劳务派遣单位可以据此解除与劳动者的劳动关系，劳动者将面临失业风险，且不能得到任何经济补偿。

9. "同工同酬" 并不等同于相同岗位等额薪酬

【权利提示】 劳动者享有同工同酬的权利，但是，同工同酬并非绝对的同工同酬，用人单位有权根据经营管理方式和经济效益，依法自主确定本单位的工资分配方式和分配水平。

【关键词】 同工同酬　用工自主权

【维权案例】

2011年7月，陈祥海与某服务公司签订劳动合同。陈祥海被派遣至某电脑公司担任行政助理，年薪84 000元。陈祥海主张因某电脑公司非派遣员工李树林离职，其于2013年4月接替了李树林的全部工作，但工资待遇远远低于李树林。2013年7月，陈祥海与某服务公司的劳动关系到期终止，陈祥海与某电脑公司用工关系已结束。陈祥海诉至法院要求某电脑公司和某服务公司支付其工资差额。电脑公司主张陈祥海和李树林的职位种类和级别不同。李树林为高级行政助理，后升为行政主管，而陈祥海为行政助理，属于B级职位，低于李树林的职位；陈祥海与公司其他同级别员工薪酬待遇相当，甚至略高；陈祥海与李树林教育背景、工作经验、工作职位及工作能力不同，陈祥海与李树林做比较，没有事实依据。为此，电脑公司提交李树林的简历、陈祥海的简历及各自岗位描述等以证明其主张。

　　法院认为劳动者享有同工同酬的权利。但同工同酬只是相对的同工同酬，而非绝对的同工同酬。用人单位根据本单位的生产经营特点和经济效益，依法自主确定本单位的工资分配方式和工资水平。劳动者存在个体差异，能力水平、熟练程度等不可能完全一样。本案中陈祥海与李树林在入职时间、工作经验、职位及岗位职责、教育背景等方面均存在差异，因此不能说陈祥海与李树林属于同工的范畴。双方根据各方面情况，以《聘用意向书》和《劳动合同书》约定工资标准，不违反同工同酬的原则，且电脑公司也提交了相同岗位其他员工的工资标准，陈祥海并不低于相同岗位其他员工标准。陈祥海接替李树林工作属于临时性的工作安排，在双方就此未对劳动报酬进行变更的情况下，陈祥海主张比照李树林的工资标准要求支付该期间的工资差额，没有法律依据，故驳回了陈祥海要求支付工资差额的诉讼请求。

【案例评析】

　　同工同酬是指用人单位对于从事相同工作、付出等量劳动且取得相同劳动业绩的劳动者，应支付同等的劳动报酬。但立法强调的同工同酬只是相对的同工同酬而非绝对的同工同酬。劳动者存在个体差异，工作能力、水平、经验等不可能相同，劳务派遣的用工单位可以对不同岗位上的被派遣劳动者的劳动报酬进行细化，确定级别实施区别对待，但也要根据经营状况建立正常的工资调整机制，保障劳动者的合法权益。

我的工伤你负责——工伤保险篇

1. 劳动者工作 5 天因工受伤，用人单位仍须担责

【权利提示】用人单位从用工之日起承担对劳动者的用工责任，劳动者自用工之日后因工受伤都有权要求用人单位承担工伤保险责任。

【关键词】 用工之日　用工责任　工伤　工伤保险待遇

【维权案例】

2011 年 2 月 13 日，王通经人介绍到徐州市某家具公司上班。没想到，王通在 2011 年 2 月 18 日的工作中导致右眼受伤。王通被认定为工伤，伤残等级为八级。

当王通向工作的家具公司索赔时，却遭到了拒绝。原来，王通只上班 5 天，还在试用期，公司没和他签订劳动合同，也没有缴纳社会保险。因此，王通向法院起诉家具公司，提出索赔并要求解除劳动合同。

法院认为，王通在家具公司工作时受伤，被依法认定为工伤并被评定为八级伤残，该家具公司应向王通支付各项保险待遇。王通虽然上班时间较短，但双方存在劳动关系，该家具公司一直未解除劳动关系，因此，王通在工伤后提出与该家具公司解除劳动合同，不违反相关法律规定，应当准许。2013 年 6 月，徐州市中院对此案作出终审判决：某家具公司给付王通各项工伤保险待遇共计 22 万余元，并判决双方解除劳动关系。

【案例评析】

我国劳动合同法规定，劳动关系自用工之日起建立。在本案中，虽然劳动者的工作时间较短，但其已为该家具公司提供了劳动，双方之间的劳动关系成立。用人单位应依法为建立劳动关系的劳动者缴纳工伤保险，承担工伤保险责任。鉴于家具公司尚未为王通缴纳工伤保险费，王通因工伤所应享受的工伤保险待遇应由家具

公司承担。

【维权图解】 劳动者应当被认定为工伤的情形

1. 在工作时间和工作场所内，因工作原因受到事故伤害的；

2. 工作时间前后在工作场所内，从事与工作有关的预备性或者收尾性工作受到事故伤害的；

3. 在工作时间和工作场所内，因履行工作职责受到暴力等意外伤害的；

4. 患职业病的；

5. 因工外出期间，由于工作原因受到伤害或者发生事故下落不明的；

6. 在上下班途中，受到非本人主要责任的交通事故或者城市轨道交通、客运轮渡、火车事故伤害的；

7. 法律、行政法规规定应当认定为工伤的其他情形。

图表31　劳动者应当被认定为工伤的情形

2. 商业保险不能代替工伤保险

【权利提示】 工伤保险属于社会保险，为劳动者缴纳工伤保险是用人单位的法定义务，国家鼓励但不强制用人单位为劳动者购买商业保险，但用人单位为劳动者购买商业保险不能替代其缴纳工伤保险的义务。用人单位仅为劳动者购买商业保险，而没有依法缴纳工伤保险的，劳动者因工受伤或死亡，劳动者或其近亲属仍然有权要求用人单位承担工伤保险责任。

【关键词】 商业保险　工伤保险　法定义务　工伤保险待遇

【维权案例】

于华2011年9月10日与职介公司签订劳动合同后，被派遣到一家酒店工作。2012年3月23日，于华在工作过程中突发心脏病，经抢救无效当天死亡，后被当地人力资源与社会保障局认定为工伤。于华在职期间，职介公司未为其参加工伤保险，而是为于华购买了人身意外商业险。事发后，于华父母已领取 30 万元商业保险理赔款。但于华父母认为，职介公司和酒店应当承担于华工伤保险待遇损失，职介公司认为其已经为于华购买商业保险，并且于华父母已经领取了 30 万元的商业理赔款，可以替代工伤保险待遇，因此不同意再承担其他责任。酒店认为自身在此事件中没有责任。由于协商无果，于华父母向当地法院提起诉讼。

法院审理认为，商业保险合同赔偿责任与工伤保险赔偿责任二者不能相互替代，判决职介公司和酒店连带赔偿工亡补助金 36 万余元。

【案例评析】

为劳动者缴纳工伤保险是用人单位的法定义务，而且，根据《工伤保险条例》的规定，工伤保险费用由用人单位承担，劳动者个人不承担。用人单位为劳动者缴纳工伤保险可以使工伤职工得到更好的医疗与生活保障，享受由工伤保险基金支付的各种工伤保险待遇。因此，国家通过法律法规规定用人单位必须为劳动者缴纳工伤保险。否则，劳动者因工伤、工亡所应享受的工伤保险待遇由用人单位承担。

国家鼓励用人单位为劳动者购买商业保险，但是，购买商业保险并不是用人单位的法定义务。当然，即使用人单位为劳动者购买了商业保险，也不能代替用人单位为劳动者缴纳工伤保险的法定义务。在本案中，用人单位虽然为劳动者购买了商业保险，但并未缴纳工伤保险，因此，劳动者工亡其近亲属所应享受的工伤保险待遇应由用人单位承担。另外，本案中劳动者是由用人单位职介公司派遣到用工单位酒店工作的，根据《劳动合同法》的相关规定，用人单位与用工单位对劳动者的工伤、工亡承担连带责任。

【维权图解】 劳动者应被认定为视同工伤的情形

1. 在工作时间和工作岗位，突发疾病死亡或者在 48 小时之内经抢救无效死亡的；

2. 在抢险救灾等维护国家利益、公共利益活动中受到伤害的；

3. 职工原在军队服役，因战、因公负伤致残，已取得革命伤残军人证，到用人单位后旧伤复发的。

图表 32　劳动者应被认定为视同工伤的情形

3. 单位中断缴纳社保致员工无法享受工伤待遇需赔偿

【权利提示】 用人单位依法为劳动者缴纳工伤保险费是其法定义务，工伤保险费无需劳动者个人缴纳，用人单位如果中断缴纳劳动者的工伤保险费致使劳动者无法享受工伤保险待遇的，劳动者有权要求用人单位承担支付应当享受的工伤保险待遇的权利。

【关键词】 缴纳社会保险费　工伤　工伤保险待遇

【维权案例】

于克俭于 2007 年 10 月进入徐州某机械公司工作，2010 年 4 月 13 日，于克俭在该公司车间在用行车吊运动臂油缸时被砸伤，经住院清创缝合加内固定手术。2010 年 5 月认定为工伤，2012 年 8 月评定为八级伤残。该公司因中断为于克俭缴纳社保费用，致使于克俭未能依据《工伤保险条例》享受工伤保险待遇。2013 年 6 月经劳动争议仲裁裁决：某机械公司解除与于克俭的劳动关系，一次性支付于克俭伤残补助金等 118 570 元。某机械公司不服该裁决，提起诉讼。铜山区法院 2014 年 5 月作出判决：解除双方劳动关系，某机械公司一次性支付于克俭伤残补助金、工伤医疗补助金、伤残就业补助金等合计 118 570 元。某机械公司上诉，市中院维持了原判。

【案例评析】

用人单位为其职工依法缴纳社会保险是其法定义务，违反该法定义务应承担相应的法律责任。《江苏省实施〈工伤保险条例〉办法》第38条规定，如用人单位出现中断缴费情形，应当按照规定足额补缴工伤保险费后，职工继续享受的工伤保险待遇才由工伤保险基金和用人单位按照《条例》和上述办法规定的项目和标准支付。本案中，某机械公司虽曾为于克俭办理了工伤保险，但是因自身的原因出现中断缴费情形且至今未能向社保部门补足，殆于履行法定义务，致使于克俭未能享受工伤保险待遇，应承担因此给于克俭造成的损失。

4. 因第三人侵权构成工伤 用人单位可先行赔付工伤保险

【权利提示】 劳动者因第三人侵权构成工伤，有权要求用人单位先行支付工伤保险赔偿。

【关键词】 第三人侵权 工伤 工伤保险待遇 用人单位先行赔付

【维权案例】

汪全有于2007年到江苏某科技公司工作，从事库管工作。2011年10月2日16时许，汪全有驾驶该公司车辆给客户送电脑主机返回途中，与韩永志驾驶的车辆碰撞，韩永志及汪全有受伤。2011年10月，交警部门作出道路交通事故认定书，韩永志负此次事故的全部责任，汪全有无责任，后认定为工伤，九级伤残。2012年1月，汪全有提起诉讼，要求法院判令韩永志、保险公司赔偿其因交通事故产生的各项损失。铜山区法院在判决中确认了汪全有因交通事故产生的各项损失，但该判决因韩永志确无财产可供执行，被终结执行。2014年3月汪全有经劳动仲裁后再次诉至法院，请求判令江苏某科技公司承担其因交通事故产生的各项损失。

铜山区法院经审理认为，汪全有因第三人侵权造成人身损害，同时构成工伤。因侵权人无力赔偿，且已被法院终结执行，汪全有并未获得足额赔偿，故用人单位应在扣除第三人已支付的医疗费等实

【维权图解】 劳动者应当享受的工伤保险待遇

注：劳动者工伤或工亡应当享受工伤保险待遇，用人单位为劳动者缴纳工伤保险费的，相关待遇由工伤保险基金支付，未缴纳工伤保险费的，工伤保险待遇由用人单位承担。

	工伤保险待遇项目	工伤保险待遇支付主体
治疗工伤待遇	医疗费	工伤保险基金
	住院伙食补助费	工伤保险基金
	交通费	工伤保险基金
	食宿费	工伤保险基金
	康复费	工伤保险基金
	辅助器具费	工伤保险基金
停工留薪期间	工资福利待遇	用人单位
	护理费	用人单位
评定伤残等级后	护理费	工伤保险基金
	一次性伤残补助金	工伤保险基金
	伤残津贴（1~4级，5、6级保留劳动关系）	工伤保险基金
	一次性工伤医疗补助金 5-10级解除终止劳动合同	工伤保险基金
	一次性伤残就业补助金 5-10级解除终止劳动合同	用人单位
工亡	丧葬补助金	工伤保险基金
	供养亲属抚恤金	工伤保险基金
	一次性工亡补助金	工伤保险基金

图表33 劳动者应当享受的工伤保险待遇

际发生费用的范围内先行支付工伤保险赔偿，并有权在第三人应当承担的赔偿责任范围内向第三人追偿。遂判决江苏某科技公司赔偿汪全有因交通事故产生的医疗费等，并先行支付相关工伤保险赔偿。

【案例评析】

对第三人侵权造成的劳动者工伤的，如果劳动者已获得侵权赔偿，用人单位承担的工伤保险责任中应扣除第三人已经支付的医疗费等直接损失。对第三人未赔付的直接费用，劳动者可主张用人单位先行支付工伤保险赔偿，此后，用人单位可在第三人应承担的赔偿责任范围内向其行使追偿权。

5. 工伤赔偿额过低，"私了"协议无效，职工告单位打赢官司

【权利提示】劳动者发生工伤后与用人单位签订赔偿协议约定的工伤赔偿款明显低于应享受的工伤保险待遇的，属于显失公平，劳动者可以主张该协议无效并要求用人单位按照法定标准支付工伤保险待遇。

【关键词】工伤 赔偿协议 显失公平 协议无效 工伤保险待遇 法定标准

【维权案例】

2008年9月27日，侯先成上班途中在单位某公司门口受伤，后被送往莱西市人民医院住院治疗。2009年2月，侯先成向莱西市劳动和社会保障局提出工伤认定申请，2009年2月28日，莱西市劳动和社会保障局作出工伤认定决定书，认定侯先成之伤为工伤。2009年8月4日，青岛市劳动能力鉴定委员会鉴定侯先成之伤构成八级伤残。后该公司对该鉴定结论不服，向山东省劳动能力鉴定委员会提出鉴定申请。2010年7月28日，山东省劳动能力鉴定委员会作出鉴定结论，认定侯先成之伤构成八级伤残。

2009年11月30日，侯先成向莱西市劳动人事争议仲裁委员会

提出仲裁申请，请求该公司支付停工留薪期工资 21 028 元、一次性伤残补助金 23 790 元、一次性工伤医疗补助金 33 306 元、一次性伤残就业补助金 47 580 元、护理费 6060 元、鉴定费 200 元、伙食补助费 3870 元、经济补偿金 14 274 元。

仲裁期间，侯先成与该公司于 2010 年 3 月 25 日自行达成调解协议，该协议约定，双方于 2008 年 12 月终止劳动关系，该公司于 2010 年 3 月 25 日一次性支付侯先成工伤待遇（住院伙食补助费、护理费、停工留薪期工资、一次性伤残补助金、一次性工伤医疗补助金、伤残就业补助金等）赔偿款共计 2 万元，其余权利及请求，侯先成予以放弃。后侯先成又申请仲裁，要求该公司给付相关工伤待遇。该公司基于上述协议，主张其不应再承担侯先成的工伤待遇。

法院经审理认为，工伤保险制度是国家为保障劳动者在因工或职业病或与从事与工作有关的活动及行为时，因人身受到伤害导致暂时或永久失去劳动能力或因工死亡，因此导致本人和家庭收入中断时的基本生活需要和治疗需要以及相应赔偿而设立的社会保障制度，是整个社会保障体系中一个最基本的内容。该制度的设立，既充分体现了我国社会保障制度的优越性，也为构建和谐社会提供了有力支持。侯先成作为工伤职工，其所享受的相关工伤待遇是其本人及其家庭以后生活的重要保障。该公司作为用人单位，及时、足额给付侯先成相关工伤待遇系其法定义务，该义务系强制性民事义务，非经法定程序及法定事由不得免除。

据此，法院认为涉案调解协议存在以下不当之处，不能作为该公司免除其法定义务的理由：①该调解协议签订时，因该公司对青岛市劳动能力鉴定委员会作出的鉴定结论不服，向山东省劳动能力鉴定委员会提出重新鉴定申请，侯先成的伤残等级鉴定结论尚未最终作出。此时，侯先成尚不清楚其伤残等级程度从而无法正确判断其工伤待遇。在此情况下，该公司利用其优势地位，与侯先成签订调解协议，故不能认定该协议系侯先成本人的真实意思表示；②该公司通过调解仅给付侯先成 2 万元，数额仅为侯先成法定应得工伤待遇 76 742.4 元的 26%，数额明显过低，故调解协议的内容显失公平；③调解协议约定双方于 2008 年 12 月终止劳动关系，此时侯先成应享受的停工留薪期尚未结束，故该协议内容显然违反《劳动合同法》第 42 条及《工伤保险条例》的相关规定。

如上所述，该公司通过所谓调解的形式免除其应承担的绝大部分法定义务的行为，既不符合法律规定，也不符合社会公序良俗，不能得到法律的认可，该公司应依法给付侯先成相关工伤待遇。

【案例评析】

用人单位依法给付工伤职工相关工伤待遇，系其法定义务，用人单位无法定事由并经法定程序不得免除或减轻其应承担的法定给付义务。工伤职工与用人单位因工伤待遇问题发生纠纷后，用工单位往往会利用其强势地位与工伤职工达成所谓的赔付协议，以免除或减轻其应承担的法定责任。此类赔付协议是否有效，法律并无明确规定。而在工伤保险待遇纠纷处理过程中，此种现象往往普遍存在，用人单位能否依据此类赔付协议免除或减轻其应承担的法定给付义务，广受社会关注。因此类赔付协议侵害了工伤职工的合法权利，规避了用人单位的法定义务，明显与我国工伤保险立法中关于保护工伤职工的立法本意相悖，也不符合社会公序良俗。因此，对用人单位通过所谓赔付协议的形式，免除或减轻其应承担的法定义务的行为，不应得到法律的认可。

6. 被派遣劳动者发生工伤，用人单位和用工单位承担连带责任

【权利提示】 被派遣劳动者在用工单位工作期间发生工伤，劳动者有权要求用人单位和用工单位承担连带赔偿责任。

【关键词】 被派遣劳动者　工伤　派遣单位　用工单位　连带赔偿

【维权案例】

刘德贵由甲公司派遣到乙公司工作，工作期间不幸发生工伤，乙公司将刘德贵退回甲公司。后甲公司与刘德贵解除了劳动合同，

同时以工伤赔偿应由乙公司承担为由，拒绝支付一次性伤残就业补助金。无奈，刘德贵将甲公司、乙公司告上法庭，请求双方承担连带赔偿责任。庭审中，甲公司拿出一份与乙公司签订的劳务派遣协议，该协议明确约定由甲公司派遣员工刘德贵到乙公司工作，乙公司负责刘德贵的具体工作安排并对其进行管理，甲公司为刘德贵缴纳各项社会保险；如果甲公司派遣到乙公司的员工在工作期间发生了工伤，由乙公司承担赔偿责任，甲公司不承担赔偿责任。甲公司认为按照协议约定，应该由乙公司来承担赔偿责任。

甲公司并无劳务派遣资质，虽然其与乙公司签订了劳务派遣协议，但根据合同相对性原则，该协议内容只约束甲公司、乙公司，对劳动者没有约束力。现甲公司将刘德贵派遣到乙公司工作，在工作期间刘德贵遭受了事故伤害，被认定为工伤，此时应当由甲公司和乙公司连带承担工伤保险责任。据此，法院一审判决：被告甲公司、乙公司连带赔偿原告刘德贵的一次性伤残就业补助金。

【案例评析】

劳务派遣协议是一种特殊的劳动用工形式，是指劳务派遣单位（用人单位）与实际用工单位签订派遣协议，在得到被派遣劳动者同意后，使其在被派企业指挥监督下提供劳动。劳务派遣的特点是劳动力雇佣与劳动力使用相分离，派遣劳动者不与用工单位签订劳动合同，不建立劳动关系，而是与派遣单位存在劳动关系，但却被派遣至用工单位劳动，形成"有关系没劳动，有劳动没关系"的特殊用工方式。为了保护劳动者的合法权益，在劳务派遣合同履行期间，如果被派遣劳动者在用工单位因工作遭受事故伤害的，则劳务派遣单位和用工单位须连带承担职工工伤保险责任。劳务派遣单位以其与用工单位有约定为由主张不应承担工伤保险责任的，法院不予支持，但在劳务派遣单位向劳动者承担完工伤保险责任后，可按照其与用工单位约定的经济补偿办法向用工单位另行追偿相应费用。

7. 违法发包工程致雇员伤害，仍应承担用工主体责任

【权利提示】用人单位违法将建筑工程发包给不具有用工资质

的单位或个人，对不具有用工资质的单位或个人招用的劳动者因工受伤或死亡的，应由违法发包工程的用人单位承担用工主体责任，其中包括赔偿因工受伤或死亡劳动者工伤保险待遇。

【关键词】 建筑工程　违法发包　工伤　发包单位　用工主体
用工责任　用工资格

【维权案例】

2013年，徐州某铸造公司将一厂房建设施工工程发包给案外人胡某，双方签有"施工合作责任书"。魏良才系胡某施工队人员，某铸造公司未与魏良才签订书面劳动合同，亦未为魏良才办理社会保险。同年5月21日10时许，魏良才在该公司厂房建设施工过程中，从二楼坠落摔伤，同日入院，诊断为创伤性左侧脑室内侧脑出血。2014年2月经徐州市人力资源和社会保障局《认定工伤决定书》认定为工伤；同年6月，经徐州市劳动能力鉴定委员会《劳动能力鉴定结论书》鉴定构成九级伤残。2014年8月经劳动争议仲裁裁决，作出不再受理确认书。魏良才认为与铸造公司存在劳动关系并应享受工伤待遇，同年9月诉至法院。贾汪区法院审理认为：相关"认定工伤决定书"及《劳动能力鉴定结论书》已发生法律效力，某铸造公司应承担工伤保险赔偿责任。遂判决徐州某铸造公司支付魏良才一次性伤残补助金27 000元、一次性工伤医疗补助金33 459元、一次性伤残就业补助金15 672元，合计76 131元。

【案例评析】

劳动关系应当根据劳动者是否实际接受用人单位的管理、指挥或者监督，劳动者提供的劳动是否是用人单位业务的组成部分，用人单位是否向劳动者提供基本劳动条件，以及向劳动者支付劳动报酬等因素综合进行认定。本案中，某铸造公司将自己的厂房建设承包给案外人胡某，而魏良才系胡某施工队施工人员。魏良才与某铸造公司之间不存在劳动关系，不符合确认劳动关系应具有的条件；虽然双方不存在劳动关系，但依法律规定不具备用工主体资格的承包人违法招用劳动者，发包的组织应当按照《劳动法》的规定承担用人单位所应承担的各种赔偿责任。

8. 发包人与个人承包经营者对劳动者的损害承担连带责任

【权利提示】 用人单位实行承包经营，使用劳动者的个人承包人不具备用人单位资格，由具备用人单位资格的发包人承担工伤保险责任，个人承包人对此承担连带责任。

【关键词】 承包经营　个人承包　用工资格　工伤　用工主体　用工责任　连带赔偿

【维权案例】

包某承包了某钢制品公司的业务，双方签订《安全生产责任状》，按月结算相关费用。包某雇用吴某，吴某的工作由包某管理，工资由包某发放。2009年8月，吴某在市省道由北向南行驶时与邱某发生交通事故，邱某、吴某相继死亡。2011年5月，市人社部门作出《关于吴某为工亡的决定》，某钢制品公司不服，申请行政复议后又提起行政诉讼，法院判决维持人社部门作出的工伤决定。因包某、某钢制品公司均未支付工伤赔偿费用，吴某的妻子钱某申请仲裁，要求包某和某钢制品公司支付工伤保险待遇赔偿。仲裁机构裁决包某和某钢制品公司连带承担赔偿责任。包某不服，诉至法院，请求判决其不承担对吴某工伤待遇赔偿的连带责任。法院认为，某钢制品公司实行承包经营，实际用工的包某不具备用工资格，包某违反规定招用劳动者，劳动者在工作过程中发生伤亡的，由某钢制品公司承担工伤保险责任，包某对此承担连带责任，遂判决驳回包某的诉讼请求。

【案例评析】

对于企业经常采用的承包经营方式，《江苏省实施〈工伤保险条例〉办法》第36条规定，用人单位实行承包经营，使用劳动者的承包人不具备用人单位资格，由具备用人单位资格的发包人承担工伤保险责任。《劳动合同法》第94条规定，个人承包经营违反规定招用劳动者，给劳动者造成损害的，发包的组织与个人承包经营者承担连带责任。这意味着，如果劳动者在工作过程中发生伤亡被认定为工伤的，企业不得以与劳动者之间没有劳动关系为借口而不承担工伤保险待遇赔偿责任，同时，作为实际用工的个人承包经营者，其是劳动者的真正雇主，当然也责无旁贷地应当对劳动者的工伤保险待遇与企业一起承担连带赔偿责任。

9. 职业病职工离岗前工伤认定期间，按原工资发放

【权利提示】职工离岗前职业健康检查并被确诊为职业病至认定工伤、进行等级鉴定期间，用人单位应参照停工留薪期向劳动者支付原工资福利待遇。

【关键词】职业病　工伤　停工留薪期间　工资标准　福利待遇

【维权案例】

吴军在徐州一家化学品公司工作，已五年以上，双方签订的劳动合同于 2012 年 8 月 31 日到期。在离岗前的一次健康检查中吴军被诊断为职业病，并于当年的 11 月 27 日被认定为工伤，2013 年 1 月 5 日鉴定为十级伤残。2012 年 9 月至 12 月期间，公司按每月 1100 元的标准（不低于当地最低月工资标准的 80%）支付吴军的生活费，吴军不服并申请仲裁，要求按原月工资 3600 元的标准补足工资差额。

仲裁委员会认为，吴军在离岗前职业健康检查中已被诊断为职业病，并经法定程序被认定为工伤。在离岗检查期间，化学品公司仅发放生活费有失公平，应参照工伤职工停工留薪期待遇发放，故裁决化学品公司按照吴军原工资标准补发 2012 年 9 月至 12 月间的工资差额。

【案例评析】

《劳动合同法》第 42 条规定，疑似职业病病人在诊断或者医学观察期间，用人单位不得解除或者终止与其订立的劳动合同。《职业病防治法》第 55 条第 3 款规定，疑似职业病病人在诊断、医学观察期间的费用，由用人单位支付。职工离岗前职业健康检查并被确诊为职业病至认定工伤、进行等级鉴定期间，如用人单位仅支付职工生活费，显失公平合理，为保护职业病职工合法权益，可参照停工留薪期享受原工资福利待遇。本案中，化学品公司在 2012 年 8 月 31 日与吴军劳动合同到期终止前，对吴军进行离岗前检查，吴军被诊断为职业病，2013 年 1 月 5 日鉴定为十级伤残，此期间是对

吴军职业病诊疗过程，同时也是工伤认定及劳动能力鉴定过程，故裁决化学品公司参照停工留薪期待遇支付吴军工资。

10. 内退再就业劳动者的工伤保险不能少

【权利提示】 内退再就业劳动者与用人单位之间建立劳动关系，用人单位应当为劳动者缴纳工伤保险，劳动者因工受伤或死亡，劳动者本人或其近亲属有权要求用人单位赔偿工伤保险待遇。

【关键词】 内退再就业　劳动关系　工伤保险　工伤保险待遇

【维权案例】

朱艳芬原系某国有企业员工，由于企业改制，朱艳芬与该企业签订了保留劳动关系至退休的协议。之后，朱艳芬被某投资公司聘用。在劳动合同履行期间，朱艳芬于2011年4月7日在工作时突发疾病死亡。次日，投资公司作为甲方、朱艳芬的丈夫陈安邦作为乙方签订了1份赔偿协议书。协议签订后，投资公司即向陈安邦支付了赔偿款8万元。2011年6月30日，工伤认定部门作出工伤认定：朱艳芬在上述时间、地点突发疾病造成的死亡，视同为工伤。2011年10月14日，陈安邦向仲裁委申请仲裁，要求投资公司支付急救费410元、医药费1609元、丧葬补助金21 312元、一次性工亡补助金382 180元。12月16日，仲裁委裁决支持陈安邦的仲裁请求。投资公司不服，诉至法院。

法院认为，朱艳芬系国有企业内退人员，其在内退期间与投资公司建立劳动关系，投资公司也应当为朱艳芬缴纳工伤保险费。投资公司没有为朱艳芬缴纳工伤保险费导致朱艳芬遭受工伤保险待遇损失，对此应当承担赔偿责任。投资公司、陈安邦签订赔偿协议的时间在事发后次日，此时尚未进行工伤认定，陈安邦在签订该协议时可能对朱艳芬的死亡是否属于工伤存在认识上的不足，而且协议约定的8万元赔偿款明显低于应得的工伤保险待遇，故应当认定陈安邦签订协议时存在重大误解、协议内容显失公平，投资公司应当依法给付工伤保险待遇。法院亦判决支持陈安邦的诉讼请求。

【案例评析】 我国劳动法并不禁止劳动者同时与两个甚至两个

以上用人单位建立劳动关系。对于劳动者同时与多个用人单位建立劳动关系的工伤保险费缴纳问题，原劳动和社会保障部《关于实施〈工伤保险条例〉若干问题的意见》第1条规定："职工在两个或两个以上用人单位同时就业的，各用人单位应当分别为职工缴纳工伤保险费。职工发生工伤，由职工受到伤害时其工作的单位依法承担工伤保险责任。"这一规定，明确了在双重或多重劳动关系情形下，劳动者所在用人单位均应为职工缴纳工伤保险费，如果未依法缴纳，一旦发生工伤，则发生工伤时劳动者工作的用人单位需承担赔偿相应工伤保险待遇的责任。如果劳动者受工伤后用人单位私下与劳动者达成赔偿协议，之后劳动者又就工伤保险待遇提起仲裁和诉讼，要求用人单位按照工伤保险待遇标准赔偿，法院则会根据意思自治原则和公平原则综合衡量，对赔偿协议的效力作出具体判断。

【维权图解】工伤认定的程序

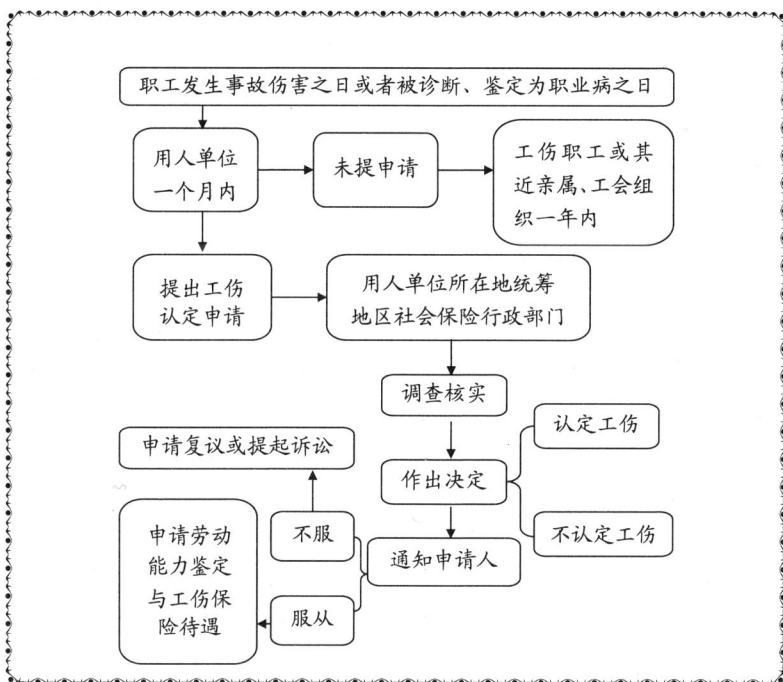

图表34 工伤认定的程序

工会为我来说话——工会组织篇

1. 炒人未征求工会意见，用人单位被裁定违法解除合同

【权利提示】用人单位以劳动者违反规章制度为由解除劳动合同，应当征求工会意见，否则应被认定为违法解除劳动合同，劳动者有权要求用人单位继续履行劳动合同。

【关键词】 严重违反规章制度　征求工会意见　违法解除劳动合同　继续履行劳动合同

【维权案例】

冯高波于 2008 年 1 月 12 日进入某中学工作，担任后勤维修人员，双方签订无固定期限劳动合同。2013 年 1 月 14 日某中学以冯高波违反《设备定期检修巡查制度》为由依据《学校奖惩制度》，作出《关于对冯高波违纪问题的处分决定》。

同年 5 月 30 日，该中学向冯高波送达《关于对冯高波违纪事件的处理决定》《解除劳动合同通知书》，决定与冯高波解除劳动合同。冯高波认为某中学系违法解除劳动合同，遂提出仲裁请求，要求继续履行劳动合同。

仲裁委审理后认为，依照法律的相关规定，因用人单位做出开除、除名、辞退、解除劳动合同等决定发生的劳动争议，用人单位负举证责任，同时用人单位对其实行的规章制度是经民主程序产生及劳动者知晓该制度负有举证责任。尤其是，在解除劳动合同前征求了工会的意见。而本案中，用人单位并未征求工会意见。最终，结合本案情况对冯高波的仲裁请求予以支持。

【案例评析】

因职工违纪而解约，须先征求工会意见。本案中，某中学未证明《学校奖惩制度》经民主程序产生并依法进行公示，亦未证明冯高波存在违纪行为，某中学与冯高波解除劳动合同的行为，在实体和程序上均存在问题，已构成违法解除。鉴于劳动合同尚有条件继续履行，冯

高波又有此要求，所以仲裁委依法对冯高波的仲裁请求予以支持。

因劳动者违纪而被解除劳动合同是用人单位对劳动者最为严厉的处罚，解除劳动合同后用人单位无需支付劳动者经济补偿金。根据法律规定，涉及解除劳动合同的争议，由用人单位负举证责任，也就是所谓的举证责任倒置，用人单位需要提供的证据如下：①劳动者存在违纪的事实；②用人单位据以解除劳动合同的规章制度；③规章制度的产生系依据法律规定经过了民主程序；④规章制度产生后依法向劳动者明示；⑤在解除劳动合同前征求了工会的意见。

用人单位在仲裁时如果不能提供上述证据，就会被仲裁委确定为违法解除劳动合同，按照《劳动合同法》的规定，在这种情况下劳动者有权选择是继续履行劳动合同还是向用人单位主张违法解除劳动合同赔偿金。如果继续履行劳动合同的条件存在且劳动者有此要求，则双方继续履行原劳动合同；如果劳动者不要求继续履行劳动合同或者继续履行劳动合同的条件不存在了，用人单位需要向劳动者支付违法解除劳动合同赔偿金。可见法律对于用人单位违法解除劳动合同的处罚是相当严厉的，用人单位在解除劳动合同时应当慎重。

【维权图解】用人单位以劳动者严重违反规章制度为由解除劳动合同的程序

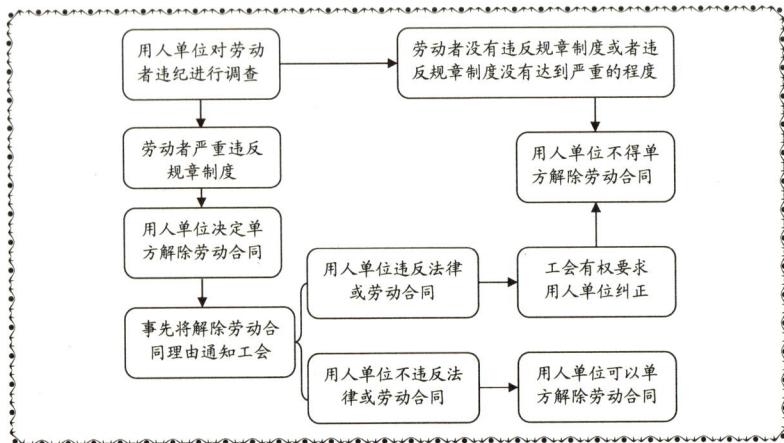

图表35　用人单位以劳动者严重违反规章制度为由解除劳动合同的程序

2. 用人单位单方解除劳动合同应事先将理由通知工会

【权利提示】用人单位单方解除劳动合同，应当事先将理由通知工会，工会认为用人单位违反法律与劳动合同规定解除劳动合同的，有权要求用人单位重新作出决定。用人单位未履行通知工会、听取工会意见的程序而解除劳动合同，应视为违法解除劳动合同，劳动者有权要求用人单位支付赔偿金。

【关键词】解除劳动合同程序　听取工会意见　违法解除劳动合同　赔偿金

【维权案例】

自 2006 年 7 月起，吴立进入沛县某食品公司工作，双方于 2008 年签订了一份为期 4 年的劳动合同，合同期满后，双方又续约到 2016 年。

2013 年 6 月，沛县公安局认为吴立涉嫌职务侵占罪，并下发了立案决定书，决定对吴立职务侵占案进行立案侦查。该案至今仍在调查中，尚未结案，吴立也没有受到任何处罚。但是，自沛县公安局下发立案决定书之日起，食品公司便不再允许吴立进入公司工作，并于当月告知吴立：公司已与其解除劳动合同。吴立对公司的做法非常不满，在与公司协商无果后，向沛县仲裁委申请仲裁，仲裁委最终裁决某食品公司向吴立支付违法解除劳动合同赔偿金 3 万余元。食品公司不服，向法院提起诉讼。

法院认为，《劳动合同法》第 43 条规定，用人单位单方解除劳动合同，应当事先将理由通知工会。本案中，食品公司并未提供证据证明其履行了该程序。该食品公司虽然提供了公安机关对吴立职务侵占案的立案决定书，但是并不能证明吴立实际实施了侵占。因此，该食品公司在未通知工会的情况下单方与吴立解除劳动合同不符合法律规定，应向吴立支付违法解除劳动合同赔偿金。2014 年 3 月 3 日，市中院作出终审判决，驳回了食品公司的诉讼请求。

【案例评析】

我国《劳动合同法》第 43 条规定："用人单位单方解除劳动合

同，应当事先将理由通知工会。用人单位违反法律、行政法规规定或者劳动合同约定的，工会有权要求用人单位纠正。用人单位应当研究工会的意见，并将处理结果书面通知工会。"这意味着用人单位单方解除劳动合同前，将解除劳动合同的理由通知工会是法定程序，用人单位未履行法定程序即解除劳动合同违反法律规定，如果劳动者不要求继续履行劳动合同，用人单位应向劳动者支付违法解除劳动合同赔偿金。赔偿金的计算方法是以劳动者解除劳动合同前12个月平均工资为基数，乘以劳动者在用人单位的工作年限再乘以2。

3. 用人单位的规章制度未经民主程序制定不能作为解除劳动合同的依据

【权利提示】用人单位的规章制度应通过民主程序制定并向劳动者进行告知或公示，否则不能作为认定劳动者违纪以及解除劳动合同的依据。如果用人单位以未经民主程序制定的规章制度为依据认定劳动者违纪并解除劳动合同，劳动者有权要求用人单位支付违法解除劳动合同赔偿金。

【关键词】规章制度 民主程序 公示告知 违法解除劳动合同 赔偿金

【维权案例】

2009年4月13日，赖青山与某大型连锁超市签订了劳动合同，合同约定：赖青山任营运部门总经理，如其严重违反劳动纪律、公司规章制度和双方有关约定的，公司可以立即解除合同。2010年9月，赖青山作为营运部门经理组织召开营销会议，会议当晚晚餐后，包括赖青山在内的约20人到KTV唱歌，产生2160元的饮酒费用，经赖青山审批同意，由各门店分摊报销了该笔费用。

2010年11月3日，公司以赖青山严重违反公司《员工手册》和《禁止滥用酒精和药物备忘录》的规定为由，决定单方解除劳动合同。该公司《员工手册》规定"任何同事在处理公司业务或在公司内或者附近、驾驶或乘坐公司车辆时，如受到酒精饮品或非法毒品影响，都将被立即解雇"；《禁止滥用酒精和药物备忘录》规定"由公司组织的在工作场所外和工作时间外的活动或聚会时，……公司不鼓励饮用酒类饮品，亦不承担消费该酒类饮品的费用。遵守滥用酒精及药物政策是决定续聘员工的一个条件"。赖青山不接受公司的解约决定，遂提起劳动仲裁，后向法院提起诉讼，要求公司支付解除劳动合同赔偿金6万余元。

法院经审理认为，用人单位制定、修改涉及劳动者切身利益的规章制度时，应当经职工代表大会或者全体职工讨论，提出方案和意见，与工会或者职工代表平等协商确定，且应当将直接涉及劳动者切身利益的规章制度和重大事项决定公示，或者告知劳动者。本案中，《员工手册》《禁止滥用酒精和药物备忘录》规定了劳动合同被解除或劳动合同延续的条件，涉及员工的切身利益，应当经职工代表大会或全体职工讨论等民主程序，但公司制定该政策未依法通过民主程序，依法不能作为解除劳动合同的依据。据此，判决公司单方解除劳动合同的决定缺乏依据，公司应当向赖青山支付违法解除劳动合同补偿金6万余元。

【案例评析】

我国《劳动合同法》第4条规定，用人单位在制定、修改或者决定直接涉及劳动者切身利益的规章制度或者重大事项时，应当经职工代表大会或者全体职工讨论，提出方案和意见，与工会或者职工代表平等协商确定。在规章制度和重大事项实施过程中，工会或者职工认为不适当的，有权向用人单位提出，通过协商予以修改完善。用人单位应当将直接涉及劳动者切身利益的规章制度和重大事项决定公示，或者告知劳动者。

《劳动合同法》的上述规定是对劳动者民主权利的保障和对用人单位经营管理权的限制。法律承认并保障用人单位的用工自主权和经营管理权，但是，用人单位在经营管理过程中制定的规章制度如果涉及劳动者的切身利益，必须符合法律规定的条件和程序，否则不能作为对劳动者进行管理，特别是认定劳动者违纪并解除劳动合同的依据。

　　根据法律和相关司法解释的规定，用人单位的规章制度在仲裁和诉讼程序中得到认可的条件主要包括：其一，经过民主程序制定，即经职工代表大会或者全体职工讨论，提出方案和意见，与工会或者职工代表平等协商确定；其二，进行公示或告知劳动者，即在用人单位内部进行必要的公示，或者直接向劳动者进行告知；其三，不违反法律、法规的规定。

　　本案中，某大型连锁超市虽然制定了公司的规章制度，但是，公司没有提供证据证明其规章制度的制定履行了法定的民主与公示程序，因此，以该种规章制度为依据认定赖青山违纪并解除劳动合同不符合法律规定，该公司应当向赖青山支付违法解除劳动合同补偿金。

　　【维权图解】 用人单位规章制度制定的程序

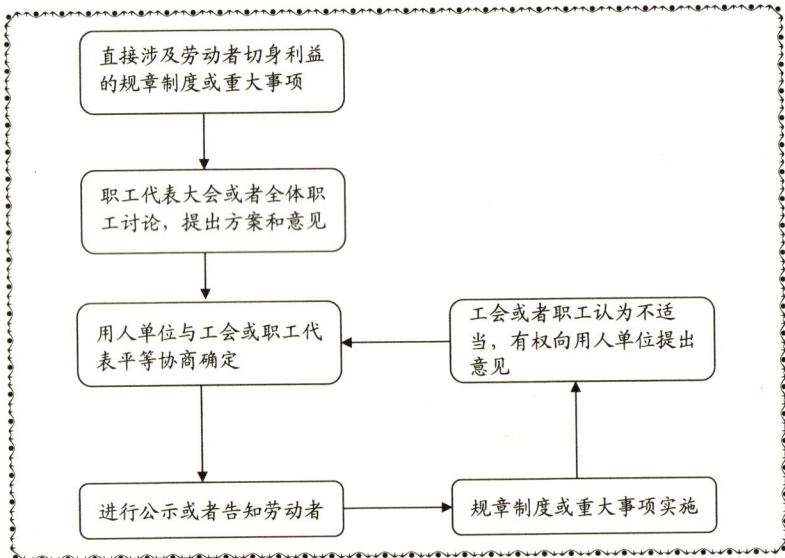

图表36　用人单位规章制度制定的程序

4. 劳动者有依法参加和组织工会的权利

【权利提示】劳动者有依法参加和组织工会的权利，用人单位阻挠或限制劳动者参加和组织工会应承担相应法律责任。

【关键词】参加和组织工会　阻挠或限制　法律责任

【维权案例】

王乐成从 2006 年 3 月开始入职青岛某精密仪器公司工作，2010 年 8 月，王乐成被任命为质检车间主管。王乐成是个热心人，在职工中有一定威望，仪器公司有 200 多名员工，偶尔也会有员工与公司发生劳动争议，王乐成经常参加争议的调解工作，很多劳动争议通过王乐成等人的居间调解都得到了有效解决，仪器公司对王乐成参与调解工作也比较满意。

但是，王乐成在参与调解过程中发现，仪器公司没有建立工会组织，这使很多调解工作受到一定影响，而且在处理有些员工违纪、解除劳动合同的争议时，由于公司相关规章制度的制定没有经过工会与职工代表同公司平等协商等民主程序，使公司在调解和解决争议中都比较被动。如果能够组建工会，既可以更好地化解劳资矛盾、解决劳动争议，也能够更好地维护职工的权益、增加职工的福利，这对提高员工的工作积极性和公司生产经营效益也是好事。于是，王乐成向公司有关领导提出组建工会的请求。

公司领导认为公司为员工提供的福利待遇都不错，工会发挥不了太大的作用，没有组建的必要。王乐成没有因此放弃组建工会的努力，在他看来，公司组建工会对劳资双方都是有利的。所以，王乐成又多次向公司领导提出组建工会的请求。公司领导最后跟王乐成说，工会就是给公司找麻烦的，如果你非要组建工会，那就请你离开公司，到别的有工会的公司去工作。

王乐成组建工会的请求在公司领导那里碰了钉子，但是，他认为员工有权组建工会，而且他组建工会的想法也得到公司很多员工的支持。于是王乐成前往区总工会寻求帮助，总工会对王乐成组织工会的想法表示支持，并且派人前往仪器公司与公司有关领导进行沟通。总工会指出，根据《工会法》的有关规定，企业职工达到25人以上的就应当组建工会，劳动者有权依法参加和组织工会，公司不应阻挠或限制，总工会有权依法帮助、指导职工筹建工会。同时，总工会也将工会的性质、职能、活动方式及对企业的意义向仪器公司领导作了详细说明。

仪器公司后来经过研究决定支持王乐成等人组建工会，并邀请区总工会提供帮助和指导。经过区总工会的批准，王乐成等人开始筹建工会，召开了第一届工会会员大会，选举了工会主席、副主席和工会委员，王乐成当选了工会副主席。

【案例评析】

劳动者依法参加和组织工会的权利受法律保护，用人单位不得阻挠和限制。我国《劳动法》第7条规定："劳动者有权依法参加和组织工会。工会代表和维护劳动者的合法权益，依法独立自主地开展活动。"《工会法》第3条规定："在中国境内的企业、事业单位、机关中以工资收入为主要生活来源的体力劳动者和脑力劳动者，不分民族、种族、性别、职业、宗教信仰、教育程度，都有依法参加和组织工会的权利。任何组织和个人不得阻挠和限制。"

实践中某些用人单位对工会的性质和职能存在误解，不支持职工参加和组织工会，甚至进行阻挠和限制，这种行为都是不符合法律规定的。实际上，工会在企业的经营管理、劳动争议调解等方面都能够发挥重要的作用，健全的工会组织能够使企业形成良好的劳资关系，有效提高生产效率。鼓励和支持职工参加和组织工会，对用人单位而言既是法定义务，也是有利于企业经营管理的。但是，如果用人单位违法阻挠和限制职工参加和组织工会，则要承担相应的法律责任。根据《工会法》第50条的规定："违反本法第三条、第十一条规定，阻挠职工依法参加和组织工会或者阻挠上级工会帮助、指导职工筹建工会的，由劳动行政部门责令其改正；拒不改正的，由劳动行政部门提请县级以上人民政府处理；以暴力、威胁等手段阻挠造成严重后果，构成犯罪的，依法追究刑事责任。"

5. 劳务派遣工有在用工单位参加工会的权利

【权利提示】被派遣劳动者有权在劳务派遣单位或者用工单位依法参加或者组织工会，如果劳务派遣单位尚未建立基层工会组织，被派遣劳动者有权参加用工单位的工会。

【关键词】被派遣劳动者 参加工会 用工单位工会

【维权案例】

张建刚在某国有企业工作，但却是某劳务派遣公司派遣到该国有企业工作的劳务派遣工。张建刚在该国企工作 5 年，工作努力，业绩突出，多次受到企业的奖励。但是，每次过年过节企业工会发福利时，张建刚都比企业的正式工领得少。而且，每次企业评选先进工作者时张建刚都没有资格参评。因为，他不是国企工会的会员。于是，张建刚向国企的工会提出加入工会的请求。国企工会是否能够接受张建刚的请求？

【案例评析】

张建刚虽然是劳务派遣工，但作为在企业中以工资收入作为主要生活来源的劳动者，依法有参加工会的权利。根据中华全国总工会《关于组织劳务派遣工加入工会的规定》，劳务派遣工应首先选择参加劳务派遣单位工会。所以，张建刚应当首先选择参加其劳务派遣公司的工会。

如果张建刚的劳务派遣公司没有建立工会组织，那么张建刚有权直接参加用工单位即该国有企业的工会。如果张建刚的劳务派遣公司与该国有企业签订的协议中有约定，劳务派遣工会员接受派遣期间，劳务派遣单位工会可以委托用工单位工会代管。代管期间劳务派遣工会员的权利和义务由协议约定。

【维权图解】 工会的权利与职责

1. 保障职工依法行使民主权利的权利；

2. 帮助、指导职工签订劳动合同的权利；

3. 代表职工签订集体劳动合同，维护集体劳动合同的权利；

4. 对用人单位人事管理进行监督的权利；

5. 实施法律监督和有关交涉的权利；

6. 监督用人单位落实劳动安全卫生法律和规章制度的权利；

7. 在安全生产中提出建议的权利；

8. 参与安全生产事故调查处理的权利；

9. 参与解决用人单位职工停工、怠工事件的权利；

10. 参加用人单位劳动争议调解的权利。

图表 37 工会的权利与职责

6. 工会委员劳动合同应自动延续至任期届满

【权利提示】 用人单位的工会委员在任期内劳动合同期满的，劳动合同期限应自动延续至其工会委员任期届满时终止，用人单位在此期间不得与其解除劳动合同。

【关键词】 工会委员　任职期间　劳动合同期限届满　自动延续

【维权案例】

张晓丽于 2000 年 1 月到青岛某纺织公司工作，并签订了为期 3 年的劳动合同。2002 年 5 月，纺织公司工会会员大会选举新一届工会委员会，张晓丽被选举为女职工委员，任期 3 年。2003 年 1 月，纺织公司通知张晓丽劳动合同期满，不再续签劳动合同。经咨询律师，张晓丽获知根据《工会法》，她的劳动合同应当自动续延至 2005 年 5 月，纺织公司不应以原劳动合同到期为由终止其劳动合同。

经与纺织公司协商未果，张晓丽将此事反映至市总工会。市总工会得知后立即通报市劳动保障监察大队，劳动保障监察大队经过调查，认定该企业的做法违反了《工会法》，并依法责令该企业限期改正。纺织公司在限期内恢复了张晓丽的工作，并赔偿其工资损失。

【案例评析】

工会的基本职责是维护劳动者的权利。为了保证工会主席及工作人员在行使职责时不受到干扰，《工会法》规定，基层工会主席、委员及其他工作人员自任职之日起，其劳动合同期限自动延长，延长至其任职期满。而作为用人单位，不仅要依照《工会法》的要求积极建立工会，更要按照《工会法》的要求保证工会的工作人员能够独立、高效地行使自己的职责，而不能以劳动合同期满为由将工会工作人员随意辞退。

7. 工会主席的劳动合同期限可自动延长

【权利提示】 工会主席任期内劳动合同到期的，其劳动合同期限自动延续至任期届满，用人单位不得以劳动合同到期为由与任期尚未届满的工会主席解除劳动合同，否则应被认定为违法解除劳动合同，用人单位应继续履行劳动合同或向工会主席支付赔偿金。

【关键词】 工会主席　任职期间　劳动合同期限届满　自动延续

【维权案例】

丁伟涵自 2004 年 4 月起到南通某钢铁公司工作，双方劳动合同期限到 2010 年 9 月 30 日期满。丁伟涵自 2009 年 12 月 29 日开始担任单位工会主席，任期至 2010 年 12 月 28 日。2010 年 9 月 2 日，公司向丁伟涵发出书面通知，通知其合同到期后不再续签。2010 年 10 月，丁伟涵离开公司，后诉至法院，要求公司支付违法解除劳动合同的赔偿金。

法院认为，丁伟涵系公司工会主席，任期至 2010 年 12 月 28

日，虽然双方签订的劳动合同期限截止至 2010 年 9 月 30 日，但根据《工会法》的规定，丁伟涵的劳动合同期限自动延长至工会任职期间届满。因此公司在 2010 年 9 月通知丁伟涵自 2010 年 9 月 30 日终止双方劳动合同的行为违反了法律的强制性规定，属于违法解除，公司应当支付丁伟涵经济赔偿金。

【案例评析】

工会的基本职责是维护劳动者的权利。为了保证工会主席及工作人员在行使职责时不受到干扰，《工会法》规定，基层工会主席、委员及其他工作人员自任职之日起，其劳动合同期限自动延长，延长至其任职期满。而作为用人单位，不仅要依照《工会法》的要求积极建立工会，更要按照《工会法》的要求保证工会的工作人员能够独立、高效地行使自己的职责，而不能以劳动合同期满为由将工会工作人员随意辞退。

8. 工会委员任职期间用人单位不得任意解除劳动合同

【权利提示】工会工作人员依法履行职责受法律保护，用人单位不得因工会工作人员依法履行职责与其解除劳动合同，否则应被认定为违法解除劳动合同，劳动者有权要求用人单位继续履行劳动合同并补发违法解除劳动合同期间的劳动报酬。

【关键词】工会委员　依法履行职责　违法解除劳动合同　继续履行劳动合同　赔偿损失

【维权案例】

小李是某电器公司工会的女工委员，由于开展工会工作的需要，小李每月有两个下午要参加市工会举办的法律培训等活动。公司领导对小李在担任工会女工委员期间经常向公司提意见，要求改善女职工的工作条件非常不满，对其参加工会组织的活动也不支持，认为她在工作期间参加社会活动，影响正常的工作。小李向公司领导解释，作为工会工作人员参加工会组织的活动，是法律赋予的职权。但双方仍未就此事达成一致意见。电器公司遂以小李经常参加工会活动，已经严重影响工作为由，解除了与小李签订的劳动合同。

小李认为单位的单方解除劳动合同的行为不合法，到当地劳动争议仲裁委员会申请劳动争议仲裁，劳动争议仲裁委员会经审理查明，电器公司单方解除劳动合同没有法律依据。且小李参加工会活动是受法律保护的，小李的行为不属于解除劳动合同的法定情形，因此，判令电器公司不得解除与小李的劳动合同，并补发解除劳动合同期间的报酬。

【案例评析】

本案中小李参加市工会举办的法律培训活动是履行工会工作人员的法定职责，受《工会法》保护。工会工作人员依法履行职责，是工会开展工作的基础。为保护工会工作人员的合法权益，《工会法》第52条规定，工会工作人员因履行本法规定的职责而被解除劳动合同的，由劳动行政部门责令恢复其工作，并补发被解除劳动合同期间应得的报酬。

因此，小李参加工会活动不属于《劳动合同法》规定的用人单位可以解除劳动合同的法定事由，并且《工会法》设定了对工会工作人员履行职责给予保护的条款。所以，劳动争议仲裁委员会的裁定是正确的。

9. 工会主席任职期间用人单位不得随意调动其工作岗位

【权利提示】工会主席任职期间用人单位不得随意调动其工作岗位，因工作需要调动岗位的，应当征得本级工会委员会与上级工会的同意。

【关键词】工会主席 任期期间 调岗 法定程序

【维权案例】

谭先生是某非公有制企业总务部经理，2003年公司组建工会时当选为工会主席，任期5年。其后工会向企业发出了第一号工会文件，要求公司于9月30日前与未签劳动合同的工人签订劳动合同，补发部分加班费，补缴部分社会保险金。文件如石沉大海，问题迟迟得不到解决。山穷水尽之际，谭先生想到了媒体。某知名报纸以《不承认工会组织、不签订劳动合同、不缴纳社会保险，这家企业到底想干嘛》为题发表了相关报道。3 天后，区劳动和社会保障局对该企业罚款 2.5 万元。不久，企业以工作有严重失误造成公司损失为由发出了《关于解除谭某总务部经理职务的通知》，将谭先生转任化验员，工资从 4500 元降为 1460 元。

谭先生认为公司此行为是因其作为工会主席为职工维权的报复行为，向劳动仲裁委员会提出了仲裁申请，要求公司恢复其职务和报酬，谭先生的要求是否能够得到支持？

【案例评析】

本案中谭先生领导工会要求企业与未签劳动合同的工人签订劳动合同，补发部分加班费，补缴部分社会保险金，在得不到回应后向媒体反映，并最终由区劳动和社会保障局对该企业作出罚款决定，是履行工会职责的正当行为。

该企业未经本级工会和上级工会的同意，擅自解除谭先生的职务，随意调动工作，变更劳动合同，违反了《工会法》《劳动法》有关规定，也违反了劳动合同约定。

《工会法》第 17 条第 1 款规定："工会主席、副主席任期未满时，不得随意调动其工作。因工作需要调动时，应当征得本级工会委员会和上一级工会的同意。"此规定的目的是避免工会主席因为维护劳动者权益的行为而遭到企业的报复。同时《工会法》第 51 条规定，企业对依法履行职责的工会工作人员无正当理由调动工作岗位，进行打击报复的，由劳动行政部门责令改正、恢复原工作；造成损失的，给予赔偿。

10. 用人单位不得随意罢免工会主席

【权利提示】未经法定程序罢免工会主席是违法行为，工会主席有权向上级工会或劳动监察部门投诉，并要求恢复工会主席职务。

【关键词】工会主席　罢免程序　法定程序

【维权案例】

某机械公司系外商独资企业，2008年10月该公司依法成立了工会委员会，有会员120多人，公司质量部经理王伟建被选举为工会主席。2009年10月15日，公司主要经营负责人以莫须有的借口，免去了王伟建公司质量部经理职务，收回工作电脑，责令其立即移交工作，搬出办公室。

10月16日下午公司有关人员找王伟建谈话，主要议题是选举新的工会主席。王伟建表示按照《工会法》规定的程序，需要请示上级工会组织，听取上级工会组织的意见。但公司谈话人员置若罔闻，要求王伟建写辞职报告，称只要王伟建写辞职报告，就不公布免去王伟建质量部经理的决定。王伟建当场回绝。

10月16日15:30分，该公司即在食堂召开罢免工会主席、选举新工会主席的大会，参会人员仅公司管理部6人及车间少数员工，而且没有通知工会主席王伟建参加。王伟建闻讯后主动前往，却被禁止在签到簿上签名。有的车间工人闻知后前来开会，公司主要经营负责人告知到会员工，没有点到名的不得参加投票。随后宣读参会人员名单，并将没有宣读到姓名的人员强制驱离会场，引起员工强烈不满。经过二次举手表决，以24票赞成、6票反对的结果罢免了王伟建公司工会主席职位。会议同时选举了新的工会主席。

10月19日，王伟建携带书面材料，向上级工会做了汇报。某市总工会主席及相关领导详细了解情况，从法律、业务知识等方面给予了指导，并鼓励、支持王伟建安心工作。10月21日上午，某市总工会派员对公司所在镇总工会进行了工作指导，并会同村工会领导对该公司展开调查，又与从美国赶来的公司董事长以及公司主要经营负责人沟通协商。

依据调查事实，市、镇工会领导指出，机械公司随意调动工会主席王伟建的工作、未经法定程序免除其公司质量部经理职务是违法的，机械公司罢免和选举工会主席的行为违反法律规定也是无效的，机械公司必须立即纠正其违法行为，恢复王伟建的公司职务和工会主席职务。机械公司经过研究后决定恢复王伟建的职务，宣布罢免与选举工会主席的决定作废，王伟建仍然是公司的工会主席。

【案例评析】

法律为保障基层工会组织能够正常开展工作、履行职责，对工会主席、委员等工会工作人员的权利进行特殊保障，工会工作人员任职期间用人单位不得随意调动其工作，工会主席、委员的任免都必须履行法定程序。本案中，机械公司的行为存在诸多违法之处：

第一，《工会法》第 17 条第 1 款规定："工会主席、副主席任期未满时，不得随意调动其工作。因工作需要调动时，应当征得本级工会委员会和一上级工会的同意。"该公司免去工会主席王伟建公司质量部经理职务，没有征得本级工会委员会和上一级工会的同意。

第二，《工会法》第 17 条第 2 款规定："罢免工会主席、副主席必须召开会员大会或者会员代表大会讨论，非经会员大会全体会员或者会员代表大会全体代表过半数通过，不得罢免。"第 16 条规定："……三分之一以上的工会会员提议，可临时召开会员大会或者会员代表大会。"该公司召开的罢免王伟建工会主席、选举新工会主席的会议没有经过三分之一以上的工会会员提议，该次会议既不是工会会员大会，又不是会员代表大会，到会人员既未满全体会员的三分之二，又未满全体会员代表的三分之二，在这种情况下强行进行所谓的罢工和选举，违反了《工会法》规定的程序要求。

且公司采取不通知工会会员、工会主席开会的方法、事情暴露后又采取强制手段非法剥夺工会会员甚至工会主席的选举权利，严重违反《工会章程》，更是一种严重的违法行为。因此，该公司免去王伟建公司质量部经理职务以及 10 月 16 日下午对公司工会主席的罢免和选举均是非法的，也是无效的，王伟建仍是该公司工会主席，应继续履行工会主席职责。

【**维权图解**】 企业工会工作人员的权利保障

1. 工会主席、副主席职务未经法定程序不得罢免。

2. 工会主席、副主席任期未满时，不得随意调动其工作，因工作需要调动时，应当征得本级工会委员会和上一级工会的同意。

3. 基层工会专职主席、副主席或者委员自任职之日起，其劳动合同期限自动延长，延长期限相当于其任职期间。

4. 基层工会非专职主席、副主席或者委员自任职之日起，其尚未履行的劳动合同期限短于任期的，劳动合同期限自动延长至任期期满。

5. 工会委员会的专职人员的工资、奖励、补贴，由所在单位支付，社会保险和其他福利待遇享受本单位职工的同等待遇。

6. 在法定工作时间内参加下列社会活动的，用人单位应当按照劳动者提供正常劳动支付其工资：

（1）出席乡（镇）、县（区）以上政府、党派、工会、共青团、妇联等组织召开的会议；

（2）出席劳动模范、先进工作者大会；

（3）非专职工会主席、副主席、委员参加工会活动。

图表38 企业工会工作人员的权利保障

CHAPTER 10

第十章

国家为我来撑腰——劳动争议篇

1. 发生劳动争议，劳动者可以通过多种途径维权

【权利提示】 劳动者与用人单位发生劳动争议，劳动者可以首先与用人单位进行协商，如协商不成可以请单位工会或当地总工会进行调解，也可以直接向当地劳动监察部门投诉或者向劳动争议仲裁委员会申请仲裁。

【关键词】 劳动争议　协商　调解　投诉　仲裁

【维权案例】

王星从 2011 年 2 月在当地一家钢材公司找了一份电工的工作，每月工资两千多元，钢材公司没有和他签订书面劳动合同，他是一名"临时工"。

2012 年 5 月，王星离开了钢材公司，离职前，公司还拖欠着他 2012 年 4 月、5 月份的工资。此后，王星多次向钢材公司索要工资，公司一直拖欠未予支付。后来王星找到钢材公司的工会和当地总工会寻求帮助，总工会与钢材公司工会对王星与钢材公司的争议进行调解，钢材公司认为王星未经公司批准擅自离职，且其工作中存在失误造成公司损失，所欠王星的工资应冲抵其工作失误给公司造成的损失。总工会的调解没有使双方达成共识，但总工会为王星提供了建议和帮助：一方面，总工会建议王星向当地劳动监察大队进行投诉；另一方面，总工会请维权支援律师为王星提供法律援助，帮助王星进行投诉或申请仲裁。

在总工会的建议和律师的帮助下，王星向劳动监察大队进行投诉，要求劳动监察大队调查钢材公司未与其签订书面劳动合同、拖欠工资及未为其办理社保并缴纳社会保险费问题。劳动监察大队受理了王星的投诉，依法对钢材公司进行询问和调查，责令钢材公司支付拖欠王星的工资、补缴社会保险费。钢材公司向王星支付了拖欠的工资，为他补缴了社会保险费。但是，劳动监察人员告诉王

星，其要求用人单位支付双倍工资的请求不属于劳动监察事项，应向劳动争议仲裁委员会申请仲裁。于是王星又在律师的帮助下申请劳动仲裁，最终仲裁委裁决支持了王星双倍工资的请求。

【案例评析】

法律保障劳动者的合法权益，为劳动者依法维权提供多种途径或方式，包括协商、调解、举报、投诉、仲裁和诉讼等。其中协商和调解并非必经程序，劳动者可以与用人单位协商，或者由劳动争议调解委员会、工会等组织进行调解，也可以不经协商或调解程序而直接选择投诉、仲裁或诉讼解决争议。由于协商或调解所需成本小、时间短，能够更快地实现劳动者的诉求，在很多时候也是重要的解决争议的途径。但有时协商或调解因为双方的分歧过大而无法取得成效，劳动者就只能选择投诉、仲裁或诉讼程序解决争议。

劳动者投诉应当向劳动合同履行地或用人单位所在地人力资源与社会保障局的劳动监察大队投诉，填写投诉表、提供基本证据材料，劳动监察部门受理后对属于劳动监察事项的进行调查和处理，这种行政执法行为也能够帮助劳动者维护权利。劳动者的有些诉求，例如办理社保手续、补缴社会保险、办理解除劳动合同手续等，只能选择投诉。当然，劳动监察部门并不能处理劳动者的所有诉求，有些诉求，如加班工资、双倍工资等，劳动者与用人单位存在争议的，只能选择通过仲裁程序解决。

根据我国《劳动争议调解仲裁法》的规定，劳动争议有仲裁前置程序，也就是说，劳动者与用人单位发生劳动争议，应首先申请劳动仲裁，对仲裁裁决不服的方可向法院提起民事诉讼。劳动者通过仲裁和诉讼程序也能够维护自身的合法权益。

【维权图解】 发生劳动争议后劳动者可以选择的争议解决方式

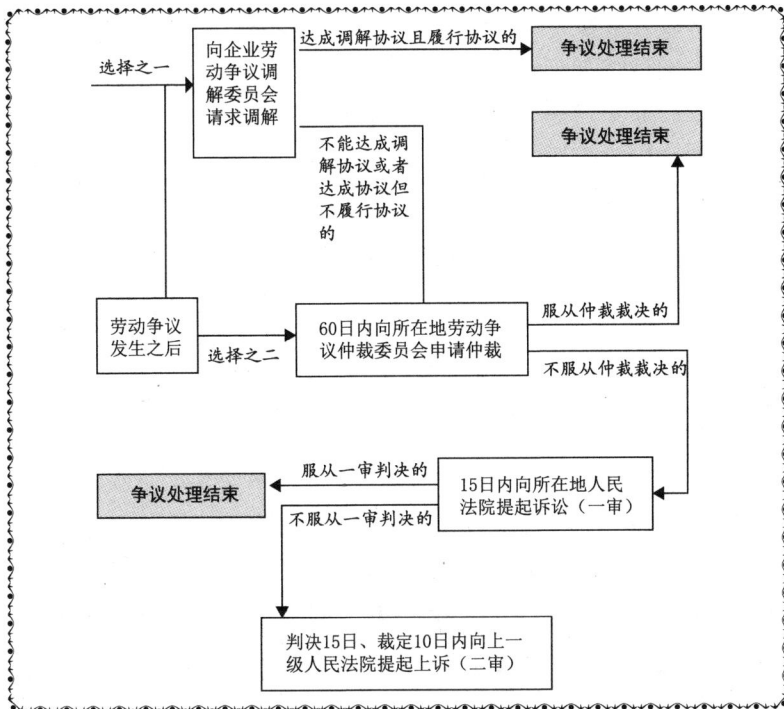

图表 39　发生劳动争议后劳动者可以选择的争议解决方式

2. 劳动者应选择在劳动合同履行地或用人单位所在地申请劳动仲裁

【权利提示】 劳动者与用人单位发生劳动争议，劳动者有权选择向劳动合同履行地或者用人单位所在地仲裁委员会申请仲裁。劳动者选择向劳动合同履行地仲裁委申请仲裁，用人单位提出管辖权异议的，仲裁委员会应驳回用人单位的请求。

【关键词】 劳动争议管辖　劳动合同履行地　用人单位所在地
【维权案例】

韩炳德 2012 年 1 月入职山东青岛某运输公司从事货车司机工

作，双方没有签订劳动合同，运输公司的注册地为青岛市市北区，但韩炳德工作地点位于烟台市福山区某物流园区，运输公司在该物流园区设有办事处，安排一个车队在园区内从事集装箱运输工作。2012年9月，韩炳德以运输公司未与其签订书面劳动合同、未缴纳社会保险、未发加班费为由辞职，并向烟台市福山区劳动争议仲裁委员会提起劳动仲裁，要求运输公司支付双倍工资、加班费和解除劳动合同补偿金。

烟台市福山区劳动仲裁委受理了韩炳德的仲裁申请，同时向运输公司送达了应诉和开庭通知。但是，运输公司在收到应诉和开庭通知后向福山区劳动仲裁委提出了管辖权异议，运输公司认为该劳动争议应由公司注册地青岛市市北区劳动争议仲裁委员会管辖。福山区劳动仲裁委经过开庭调查和审理，认为根据韩炳德提供的证据能够认定韩炳德与运输公司劳动合同履行地在烟台市福山区，根据《劳动争议调解仲裁法》的有关规定，福山区劳动争议仲裁委员会对该案具有管辖权，因此驳回运输公司的管辖权异议。福山区劳动仲裁委按期开庭审理了韩炳德与运输公司的劳动争议，查明事实并依法支持了韩炳德的仲裁请求。

【案例分析】

劳动仲裁管辖权是指劳动仲裁机构依法对案件进行审理和裁决的权力或权限，涉及各地劳动仲裁机构对劳动争议案件进行受理、审理和裁决的权限。根据我国《劳动争议调解仲裁法》的有关规定，劳动者与用人单位发生劳动争议，劳动合同履行地或者用人单位所在地劳动仲裁机构都有管辖权，劳动者或用人单位可以选择向其中一个地方的劳动仲裁委员会提起仲裁申请，劳动者和用人单位分别向两个有管辖权的劳动仲裁机构提起仲裁申请的，由先受理的劳动仲裁机构管辖。

在实践中，劳动者的工作地点或者劳动合同履行地有时与用人单位注册地不在同一个地方，如果发生劳动争议，就会涉及选择向哪个仲裁机构提出劳动仲裁申请的问题。对劳动者而言，通常应当会选择对自己提出或参加仲裁更为方便的仲裁机构，这也是劳动者依法享有的仲裁管辖选择权。在本案中，韩炳德即选择向与自己的居住地更近、更方便的烟台市福山区劳动争议仲裁委员会提出仲裁申请，由于烟台市福山区是韩炳德与运输公司劳动合同的履行地，因此烟台市福山区仲裁委具有管辖权。

当劳动争议存在两个以上有管辖权的劳动仲裁机构时，劳动者率先向其中一个劳动仲裁机构提出仲裁申请，用人单位有时试图拖延仲裁时间、逃避向劳动者履行相关法律义务等目的而提出管辖权异议，已经受理申请的仲裁委经过审理调查确认该委员会有管辖权后，应当驳回用人单位的管辖权异议，由该仲裁委员会继续审理该劳动争议。在本案中，用人单位运输公司的管辖权异议即没有法律依据，因此异议被驳回，福山区劳动仲裁委员会有依法审理该劳动争议并作出裁决的权力。

3. 申请仲裁要及时，保存证据是关键

【权利提示】劳动者与用人单位发生劳动争议申请仲裁的时效为 1 年，劳动者应当从知道或者应当知道其权利被侵害之日起 1 年内提出劳动仲裁申请，劳动者的仲裁请求超过仲裁时效将丧失胜裁权，劳动者应当注意不要让自己的权利睡着了。

【关键词】仲裁时效　加班事实　举证责任

【维权案例】

马青于 2010 年 6 月 10 日进入某仓储公司工作，双方没有签订书面劳动合同。2015 年 5 月 20 日，该公司解除了与马青的劳动关系。于是，马青先申请仲裁、后起诉至法院，要求该公司支付未订立书面劳动合同的双倍工资、加班费、赔偿金。

在案件审理中，法院调查发现，马青要求该用人单位支付未订立书面劳动合同双倍工资的诉请超过一年仲裁时效；马青提供考勤卡证明其加班事实的存在；该公司未提供证据证明解除与马青劳动关系的合法原因。

关于马青要求支付双倍工资的诉讼请求，因超过了法律规定的 1 年仲裁时效，法院不予支持。对马青要求支付加班工资的诉讼请

求，由于马青提供了证明其加班事实的证据，而用人单位未提供相反证据，法院对马青主张的加班时间予以采信。最终法院判决某仓储公司向马青支付加班工资 12 058 元、违法解除劳动合同赔偿金 382 772 元。驳回马青双倍工资的请求。

【案例评析】

按照《劳动争议调解仲裁法》的规定，劳动争议申请仲裁的时效期间为 1 年。仲裁时效期间从当事人知道或应当知道其权利被侵害之日起计算。本案中马青要求支付双倍工资的仲裁时效期间应当自 2011 年 6 月 10 日开始计算，从这个时间往后计算 1 年，如果在此期间马青未申请劳动仲裁，在 2012 年 6 月 10 日，马青申请仲裁的时效终止，这就意味着马青即使可以申请仲裁，但是仲裁委和法院因时效已过无法支持其仲裁或诉讼请求。因此，劳动者认为自身权利受到侵害时应当及时维权，勿让自己的权利睡着了。

4. 因企业员工年终奖发生的争议适用特殊仲裁时效

【权利提示】 企业员工的年终奖属于工资报酬的一部分，适用追索劳动工资报酬的特殊仲裁时效。

【关键词】 年终奖　劳动报酬　仲裁时效　特殊时效

【维权案例】

韩永福原系某人力资源管理有限公司（以下简称"人力资源公司"）的职工，自 2012 年 2 月 20 日起与人力资源公司某办事处签订劳动合同，在该单位从事市场专员工作，劳动合同至 2016 年 2 月 19 日终止。2013 年 2 月 1 日，韩永福与人力资源公司的某办事处签订了《2013 年年薪（年终奖）实施办法》，约定"简历成本方案"的年终奖，但是人力资源公司未兑现韩永福的年终奖。

2015 年 2 月 14 日韩永福向人力资源公司提交辞职申请书，2015 年 3 月 13 日得到批准，双方办理了解除劳动合同的相关手续。2015 年 3 月 17 日韩永福向仲裁委员会提交了仲裁申请书，请求人力资源公司某办事处和人力资源公司支付 2013 年所应得的年终奖。人力资源公司以韩永福的仲裁请求超出仲裁时效为由不同意支付韩永福的年终奖。

仲裁委员会认为，年终奖属于劳动报酬，适用特殊时效，应从双方劳动关系终止之日起开始计算时效，故而支持了韩永福年终奖的仲裁请求。

【案例点评】

仲裁申请时效制度，是我国劳动人事争议仲裁工作中的一项重要法律制度，该制度要求劳动争议双方及时行使自己的权利，超过仲裁时效的仲裁申请，仲裁委员会将不予支持。时效制度对于依法保护劳动人事争议当事人的合法权益，保证仲裁活动正常进行有着重要意义。

《劳动争议调解仲裁法》第 27 条第 1 款规定："劳动争议申请仲裁的时效期间为一年。仲裁时效期间从当事人知道或者应当知道其权利被侵害之日起计算。"该条第 4 款规定："劳动关系存续期间因拖欠劳动报酬发生争议的，劳动者申请仲裁不受本条第一款规定的仲裁时效期间的限制；但是劳动关系终止的，应当自劳动关系终止之日起一年内提出。"此款是关于劳动关系存续期间劳动报酬争议时效的特殊规定。

根据 1990 年 1 月 1 日国家统计局令第 1 号《关于工资总额的组成的规定》第 4 条、第 7 条奖金工资的组成部分之规定，奖金是指支付给职工的超额劳动报酬和增收节支的劳动报酬。因此本案申请人与被申请人约定的年终奖属于工资的组成部分，根据《劳动争议调解仲裁法》第 27 条和《最高人民法院关于审理劳动争议案件适用法律若干问题的解释（二）》第 1 条第 1 款以及《工资支付暂行规定》（劳部发 [1994] 489 号）第 9 条之规定，人力资源公司提交的证据足以证实韩永福自 2012 年与人力资源公司建立劳动关系及在 2015 年 3 月 13 日从人力资源公司离职的事实。韩永福离职后于 2015 年 3 月 17 日向仲裁委员会提出仲裁，根据上述法律规定其主张并未超出法律规定的仲裁时效。人力资源公司应当按照协议内容支付韩永福"简历成本方案"的年终奖。

5. 是否存在劳动关系，劳动者完成初步证明责任后，举证责任转移给用人单位

【权利提示】劳动者对与用人单位是否存在劳动关系应负初步证明责任，用人单位如不认可，应提供证据予以反驳，用人单位不提供证据或者提供的证据不足以反驳劳动者主张的，仲裁委或法院应支持劳动者的主张。

【关键词】确认劳动关系　举证责任

【维权案例】

2013年9月，丰县常店镇村民颜栋梁经妻子介绍到丰县某配件厂工作，颜栋梁在该厂工作3个月期间一直用小名"颜小栓"，工资发放方式为签名后直接领取现金，颜栋梁在工资条上签名用的是小名"颜小栓"。同年11月3日，颜栋梁在工作过程中右手拇指被砸伤后送到医院治疗，诊断为右拇指甲根部离断伤，花费医疗费8000余元。

该配件厂否认颜栋梁与该单位有劳动关系，对颜栋梁的医疗费等损失拒绝赔偿。颜栋梁经劳动仲裁程序后，于2014年7月诉至丰县法院，请求确认与丰县某配件厂之间存在劳动关系。被告某配件厂则辩称2013年11月3日在工作受伤的另有其人，不是原告颜栋梁，配件厂和受伤工人"颜小栓"的纠纷已经解决，配件厂与颜栋梁之间无劳动关系。庭审过程中出示司法鉴定意见一份，认定颜栋梁提供的2013年9月份工资单上"颜小栓"的签名确系颜栋梁本人所签，配件厂亦对该份鉴定书予以认可，但仍辩称受伤的并非颜栋梁。

丰县法院审理认为：当事人对自己提出的主张，有责任提供证据。没有证据或者证据不足以证明当事人的事实主张的，由负有举证责任的当事人承担不利后果。颜栋梁作为劳动者已初步完成了双方存在劳动关系的证明责任，配件厂未提供证据予以反驳，应承担不利后果。遂判决：双方之间存在劳动关系。

【案例评析】

发生劳动争议，当事人对自己提出的主张，有责任提供证据。对双方是否存在劳动关系，劳动者应负初步证明责任，用人单位如不认可，应提供证据予以反驳。根据证据规则，配件厂对其主张的反驳事实负有举证责任。配件厂虽辩称在工作中受伤的是另一位已离职的"颜小栓"而非颜栋梁，但在一审法院、二审法院审理过程中均未申请其主张的"颜小栓"出庭作证，也未提供其他相反证据予以反驳，故法院对该主张不予支持。

6. 因工坠亡被否员工身份，同事证言帮证劳动关系

【权利提示】请求仲裁机构或法院确认劳动者与单用人位劳动关系应当提供证据，劳动者同事的证言可以作为重要证据。

【关键词】确认劳动关系　举证责任　证人证言

【维权案例】

赵亮主张自己儿子赵晓东于2014年7月1日到某清洁公司担任清洁工，双方未签订劳动合同，清洁公司也没有为其缴纳社会保险。

2014年7月10日，赵晓东在擦玻璃时从楼上摔下死亡。为确认赵晓东与清洁公司存在劳动关系，赵亮提出仲裁申请，清洁公司否认赵晓东系该公司的员工。根据赵亮的申请，仲裁委向公安局调取了赵晓东死亡案的卷宗材料。

在公安机关的询问笔录中，李伟称："我是这个公司的清洁队队长，赵晓东是2014年7月1日经人介绍来当清洁工的……"张红称："我是某清洁公司的清洁工，赵晓东是2014年7月来和我一起担任清洁工……"清洁公司认可李伟、张红是该公司的职工，李伟系清洁队队长。

依据《关于确立劳动关系有关事项的通知》的相关规定，用人单位未与劳动者签订劳动合同，认定双方存在劳动关系时可参照包括其他劳动者的证言在内的相关凭证。参照清洁公司员工在公安机关的询问笔录可以证实赵晓东在该公司工作，清洁公司缺乏证据反

驳公安机关的询问笔录，故仲裁委对赵晓东与某清洁公司之间存在事实劳动关系予以确认。

【案例评析】

原劳动和社会保障部《关于确立劳动关系有关事项的通知》是确认劳动关系争议中最具权威的规范性文件。该文件列举了劳动者与用人单位各自在劳动仲裁中应当提供的证据，如果双方未订立劳动合同且因确认劳动关系发生了争议，劳动者一方应当提供：①用人单位向劳动者发放的"工作证""服务证"等能够证明身份的证件；②其他劳动者的证言。用人单位一方应当提供：①工资支付凭证或记录（职工工资发放花名册）、缴纳各项社会保险费的记录；②劳动者填写的用人单位招工招聘"登记表""报名表"等招用记录；③考勤记录。在这类争议中双方均有提供证据的义务。

7. 劳动者对加班事实负有初步举证责任

【权利提示】 劳动者在劳动争议仲裁或诉讼程序中主张用人单位支付加班费，应当就加班事实的存在承担举证责任，在此基础上用人单位对加班时间及劳动者应获得加班费数额多少承担主要举证责任，提供由其掌握管理的与争议事项有关的证据，用人单位拒绝提供的，应当对此承担不利的法律后果。

【关键词】 加班事实　加班工资　举证责任

【维权案例】 孙大力于 2012 年 9 月 18 日到某信息技术公司应聘软件开发工程师，经过面试，孙大力顺利获得录用资格，双方于当日签订了劳动合同，合同约定期限为 2012 年 9 月 18 日至 2014 年 9 月 17 日，工作职务为软件开发，基本工资为每月 2500 元，补贴每月 500 元，公司执行的是标准工时制度。2014 年 9 月 15 日，孙大力以个人原因向公司提出辞职并办理了交接手续。交接完毕后孙大力提出公司支付工作两年期间的加班费用，公司认为孙大力属于过河拆桥，所以拒绝支付任何费用。孙大力于是向当地劳动争议仲裁委员会申请劳动仲裁，要求信息技术公司支付 2012 年 9 月 18 日至 2014 年 9 月 15 日的加班费。

　　为证明存在加班事实，孙大力向仲裁委提交了劳动合同、工作交接单、孙大力与公司负责人的谈话录音等证据。孙大力认为，虽然劳动合同中约定公司执行八小时的标准工时制度，但实际上公司却要求员工必须每周工作六天，每天工作 10 小时。公司在发放工资时从来不向员工给付工资单，只是要求员工在签名后领取工资，孙大力多次要求公司按合同约定实行标准工时制度或者支付相应的加班费，但公司领导一直不予理睬。孙大力曾专门就加班问题与公司领导进行沟通，在谈话过程中，公司领导提出公司加班确实不对，但公司经营情况一般，将来会解决孙大力的加班费问题。孙大力对整个谈话过程进行了录音，并将录音提交给仲裁委。孙大力同时指出，如果公司否认存在加班事实，那么公司应当出示孙大力的工资条和相应的考勤记录。

　　信息技术公司答辩称，孙大力主张加班费没有任何依据，孙大力不存在加班事实，公司严格履行劳动合同并执行标准工时制，公司从未安排孙大力加班，因此无需支付其加班费。对孙大力提交的证据，公司对《劳动合同书》《工作交接单》表示认可，承认双方存在劳动关系，但是对录音的真实性不予认可，认为录音中的公司人员根本不是公司的领导，但是不同意向专业的鉴定机构申请鉴定。仲裁委要求信息技术公司提交 2012 年 9 月至 2014 年 10 月间的工资发放记录、考勤记录时，公司声称相关材料遗失无法提供。

　　仲裁委认为，劳动者主张加班费的，应当就加班事实承担举证责任，孙大力已经提交了《劳动合同书》《工作交接单》、与公司领导的谈话录音等证据证明存在加班事实，承担了举证责任。信息技术公司否认孙大力存在加班事实的，应当承担主要举证责任，但信息技术公司没有提交工资发放记录、考勤记录等按照法律规定应当保存两年的材料作为证据，对录音的真实性不予认可但又不同意申请鉴定，因此应当承担不能举证的不利后果。据此，仲裁委对孙大力存在加班事实的说法予以采信，支持孙大力的仲裁请求，裁决信息技术公司向孙大力支付 2012 年 9 月 18 日至 2014 年 9 月 15 日期间的加班工资。

【案例评析】

举证责任是指当事人对自己提出的主张要提供证据进行证明，否则应承担不利后果。劳动争议中的举证责任问题，一般情况下适用《民事诉讼法》中"谁主张、谁举证"的基本原则，即谁提出请求，谁就要证明该请求的合法性与合理性，否则就得不到法律的支持。《劳动争议调解仲裁法》第6条明确规定："发生劳动争议，当事人对自己提出的主张，有责任提供证据。与争议事项有关的证据属于用人单位掌握管理的，用人单位应当提供；用人单位不提供的，应当承担不利后果。"

对于劳动者在劳动争议中主张加班费的举证责任分配问题，《最高人民法院关于审理劳动争议案件适用法律若干问题的解释（三）》第9条明确规定："劳动者主张加班费的，应当就加班事实的存在承担举证责任。……"，即应当由劳动者先行举证，证明存在加班事实。为什么劳动者要证明自己加过班？因为人不可自证其无，若加班事实完全由用人单位举证，当用人单位不提供加班证据或提供不出否认加班事实的证据，则推定劳动者所称的加班事实成立，这样既缺乏法律依据，也会诱使劳动者不顾客观实际随意主张加班费。劳动者的权益要保护，用人单位的权益也要保护。

实践中，劳动者提供的初步证据，一般为同事的证言，交接班记录或考勤记录等，考虑到劳动者举证的实际困难，对劳动者的举证不能过于苛求，只要劳动者一方提出的基本证据或者初步证据能够证明存在加班事实，即可视为举证责任已经完成。在本案中，孙大力提供《劳动合同书》《工作交接单》和电话录音，初步证明了其加班的事实，其举证责任即告完成。

在劳动者对加班事实提供初步证据的基础上，用人单位承担主要的举证责任。这是因为在劳动关系存续期间，劳动者与用人单位之间是管理与被管理的隶属关系而非平等关系。劳动者在该关系中处于弱势地位，劳动者一般不敢主动要求用人单位向自己提供考勤的记录内容或者加班的审批表等证据，如果由劳动者举证证明其加班的时间及应获得加班费数额的多少，将置劳动者于不利之地。在日常的人事管理中，用人单位通常处于强势地位，无论是考勤记录内容，还是加班的审批表等证据，一般都由用人单位掌握，用人单位掌握着比劳动者更多的信息，从举证能力上来看，用人单位相对于劳动者而言，无疑处于绝对优势地位，由用人单位承担一个期限内的举证责任较为合理，即在劳动者进行初步举证证明的基础上，用人单位应当提供由其掌握管理的争议事项有关的证据，包括工资表、考勤记录等。但是这些与争议事项有关的证据不属于用人单位掌握管理的，用人单位无需提供。所以，在本案中，孙大力完成举证责任后，公司拒绝对孙大力是否存在加班的事实进行举证，拒绝提供考勤记录等证据，其应承担不利的法律后果。

8. 节假日加班没加班费，员工无证据部分胜诉

【权利提示】劳动者对加班事实的存在承担举证责任，如劳动者不能举证证明加班事实存在，应对此承担不利后果。

【关键词】加班事实 加班工资 举证责任

【维权案例】

陈爱国于 2011 年 4 月 20 日入职某科研公司，担任调查员一职，其月工资为 5100 元。陈爱国正常工作至 2014 年 2 月 10 日并离职，科研公司向其支付工资至该日。2014 年 2 月 17 日陈爱国就其与科研公司的加班工资争议向仲裁委提起了申请。庭审中，陈爱国主张 2014 年 1 月 1 日至 2014 年 2 月 10 日期间其每天工作 8 小时、每周工作 7 天，每周有 2 天休息日加班。

仲裁庭对双方进行了耐心细致的调解工作，告知陈爱国参照《最高人民法院关于审理劳动争议案件适用法律若干问题的解释（三）》的规定，涉及加班事实的举证责任由劳动者承担，而他仅提供了 1 份书面证人证言，证明 2014 年 1 月 1 日至 2014 年 2 月 10 日期间每天的工作时长情况，这位证人又没有出庭，科研公司对于证人证言的真实性也不予认可，依据证据规则，仲裁委对这份证人证言将无法采纳。同时告知科研公司应当以诚信为本，实事求是。最终双方达成调解，科研公司支付 2014 年 1 月 1 日至 2 月 10 日期

间法定节假日加班工资。

【案例评析】

根据单位的安排加班，员工应注意保留证据。加班工资的争议应当把握以下几个方面：第一，劳动者必须是从事用人单位安排的加班，自行加班不能要求加班工资。第二，用人单位安排劳动者在休息日也就是双休日加班的，应当首先安排劳动者倒休，不能安排倒休的，应当按照劳动者的工资标准支付200%的加班工资；如果安排劳动者在平时或者法定节假日加班，则不能以倒休为借口不支付加班工资，除非双方另有协议。第三，如果劳动者执行的是非标准工时制，执行不定时工时制的，劳动者无权要求加班工资；执行综合工时制的，劳动者可以就超过法定工时部分按照延时加班的标准主张加班工资，遇法定节假日上班，有权要求法定节假日的加班工资。

最后，虽然法律规定了加班事实的举证责任由劳动者负担，但是劳动者有证据证明单位掌握着其加班事实的证据而拒不提供的，单位要承担败诉的后果。

9. 用人单位不可以同时要求返还培训费和支付违约金

【权利提示】 用人单位为劳动者提供专项培训费用，对其进行专业技术培训的，可以与该劳动者订立协议，约定服务期。劳动者违反服务期约定的，应当按照约定向用人单位支付违约金。违约金的数额不得超过用人单位提供的培训费用。用人单位要求劳动者支付的违约金不得超过服务期尚未履行部分所应分摊的培训费用。培训期间发放的生活费不能计算在专项培训费里。

【关键词】 服务期　培训费　违约金

【维权案例】

孙坚强于2014年3月到泰博医院工作，双方未签订书面劳动合同。泰博医院系民营医院，单位性质属非公益性事业医疗机构。3月27日孙坚强与泰博医院签订的医院进修学习合同约定了培训时间、培训费用及违约责任等内容，约定泰博医院送孙坚强到外地进修，期间每月发放生活费 600 元，培训费用由泰博医院支付 70%，期满后孙坚强在泰博医院处服务不得少于 3 年。后泰博医院按合同约定送孙坚强到外地学习，并支付了培训费用及生活费。2014 年 8 月底孙坚强进修结束并于同年 9 月 9 日回到泰博医院开展工作。2015 年 2 月 13 日，孙坚强离职。泰博医院提出仲裁申请，请求孙坚强返还培训费 9488.1 元，支付违约金 28 464.3 元并赔偿损失 10 000 元。仲裁委最终裁决，孙坚强向泰博医院支付违约金 2132 元，对其他仲裁请求不予支持。

【案例评析】

本案是一起因接受专项培训后，违反服务期约定而引发的劳动争议。按照《劳动合同法》第 22 条规定："用人单位为劳动者提供专项培训费用，对其进行专业技术培训的，可以与该劳动者订立协议，约定服务期。劳动者违反服务期约定的，应当按照约定向用人单位支付违约金。违约金的数额不得超过用人单位提供的培训费用。用人单位要求劳动者支付的违约金不得超过服务期尚未履行部分所应分摊的培训费用。……"

本案中，孙坚强与泰博医院签订的医院进修学习合同约定了培训时间、培训费用及违约责任等内容，泰博医院也按照约定向孙坚强提供了专项培训，因此，三年服务期约定合法有效。孙坚强因个人原因的离职行为，违反了双方对服务期的约定，应当依照约定支付违约金。劳动者违反服务期约定，用人单位可以要求劳动者支付违约金，但无权再要求劳动者返还公司为其支付的培训费用，且违约金不得超过服务期尚未履行部分所应分摊的培训费用。本案双方约定的违约金明显高于支出的培训费总额，故泰博医院要求按约定支付违约金无法律依据。

根据《劳动合同法》第 22 条第 2 款及《劳动合同法实施条例》第 16 条的规定，法律认可的培训费用包括：有凭证的培训费用、培训期间的差旅费用以及因培训产生的用于该劳动者的其他直接费用。认定某项费用是否属于培训费用，关键在于该费用是否因培训而产生。本案中生活费是基于法律规定和劳动关系而产生的，不是基于专项培训产生的，将其计算在培训费用里面要求返还，缺乏法律依据。据此仲裁委员会仅对泰博医院提交的进修费发票、泰博医院为孙坚强报销的车票及租房费用收费单据作为培训费共计2476元予以认可。由于孙坚强于培训结束后履行劳动合同5个月，按照相关法律规定，对服务期尚未履行部分所应分摊的培训费用作为违约金2132元，仲裁委员会予以支持。

泰博医院请求孙坚强赔偿其违反服务期约定造成的经济损失，在法律规定时限内，未向仲裁庭提交相关证据，应承担举证不能的后果。

10. 仲裁裁决生效后劳动者有权申请法院强制执行

【权利提示】仲裁裁决生效后用人单位仍拒不履行仲裁裁决的，劳动者有权向人民法院申请强制执行仲裁裁决。

【关键词】仲裁裁决书　生效时间　强制执行

【维权案例】

方向东是应届大学毕业生，签约了一家广告公司从事平面设计工作。入职后第三个月的一天，方向东在工作岗位上突发急性阑尾炎，被送到医院治疗。医院为方向东进行了阑尾切除手术，并住院恢复观察了5天。急诊和住院期间，方向东自行支付了手术费、住院费、药费等共计4300元。出院后，广告公司随即向方向东发出了解除劳动合同通知书，理由是方向东在试用期内患病，导致不能胜任和完成公司安排给他的工作。方向东认为自己的权益遭到了侵犯，单位解除劳动合同的行为是违法的。于是，方向东提起了劳动争议仲裁，要求用人单位支付其患病期间的医疗费4300元、加班工资3768元和违法解除劳动合同经济赔偿金5000元。

劳动争议仲裁委员会经审理查明，广告公司没有为方向东缴纳医疗保险费，方向东在工作期间存在加班的情形，广告公司解除方向东劳动合同的行为违法。据此，劳动争议仲裁委员会作出裁决，支持了方向东的全部申诉请求。仲裁裁决书送达给方向东和广告公司后，双方均未在收到裁决书之日起15日内向法院提起诉讼。

由于广告公司既未向法院提起诉讼，也没有主动履行裁决书，方向东找到广告公司要求其支付裁决书中规定的补偿金和赔偿金，但广告公司以公司账面上没有那么多可提现的现金为由拒绝支付补偿和赔偿金。方向东持生效的仲裁裁决书向法院申请强制执行，法院受理了方向东的执行申请，查明事实，对广告公司的账户进行查封，强制执行仲裁裁决书，方向东的权利得以实现。

【案例评析】

仲裁裁决书的生效分为两种情况，一种是属于一裁终局的劳动争议仲裁类型的，仲裁裁决书在作出之日起发生法律效力。另一种是属于一裁终局以外劳动争议仲裁类型的，当事人自收到仲裁裁决书之日起 15 日内没有向人民法院提起诉讼的，裁决书发生法律效力。本案中，方向东申请劳动争议仲裁的各项请求总金额达到 13 068元，不属于一裁终局的案件，因此，方向东和广告公司在收到裁决书之日起 15 日内未向法院起诉的，仲裁裁决书发生法律效力。

发生法律效力的仲裁调解书、裁决书具有执行力，当事人应当按照规定的期限全面履行，一方当事人逾期不履行的，另一方当事人可以依照《民事诉讼法》的有关规定向人民法院申请执行。受理申请的法院应当执行。根据《民事诉讼法》的有关规定，由法院执行的调解书、裁决书，由被执行人住所地或者被执行的财产所在地法院执行。本案中，方向东即持生效仲裁裁决书向用人单位注册地的基层人民法院申请强制执行，要求广告公司支付补偿和赔偿金。

【维权图解】 劳动争议仲裁流程图

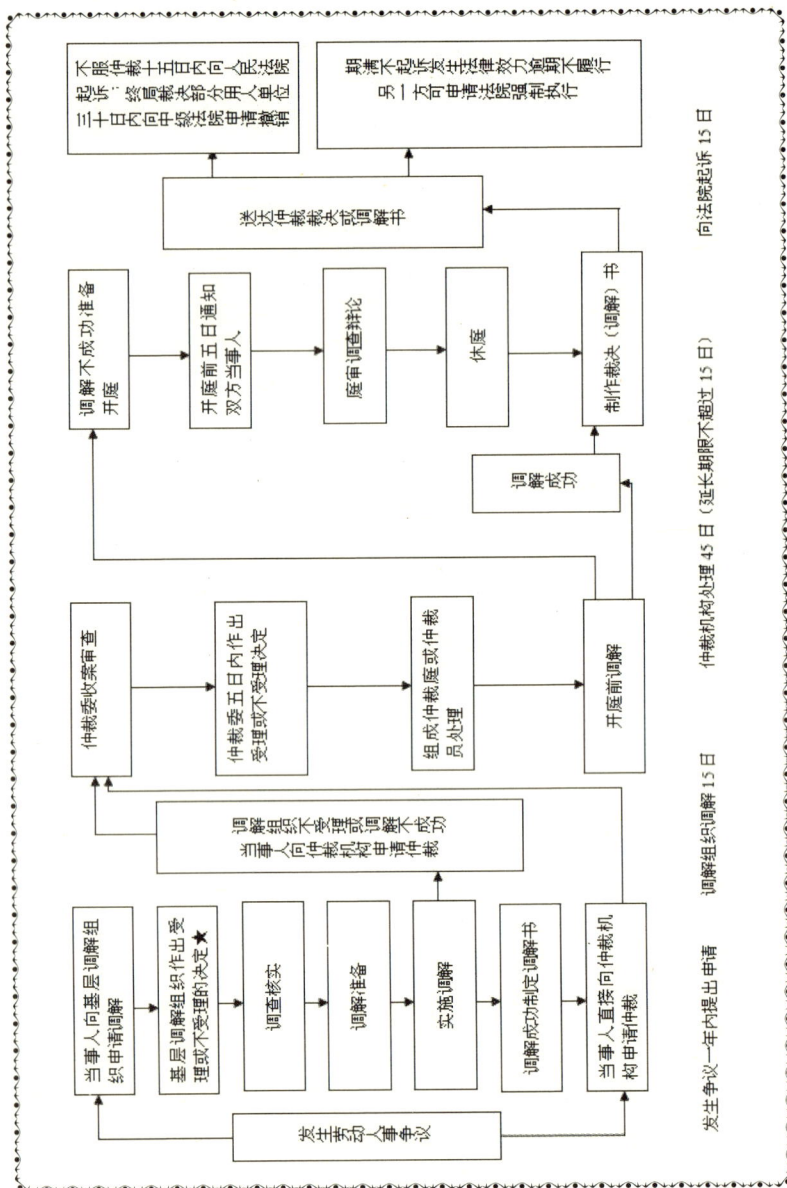

不服仲裁十五日内向人民法院起诉，终局裁决三十日内向中级人民法院申请撤销

期满不起诉发生法律效力不履行，另一方可向法院申请强制执行

送达仲裁裁决或调解书

调解不成功准备开庭 → 开庭前五日通知双方当事人 → 庭审调查辩论 → 休庭 → 制作裁决（调解）书

调解成功

仲裁委收案审查 → 仲裁委五日内作出受理或不受理决定 → 组成仲裁庭或仲裁员处理 → 开庭前调解

调解组织不受理或调解未成功，当事人向仲裁机构申请仲裁

当事人向基层调解组织申请调解 → 基层调解组织作出受理或不受理的决定★ → 调查核实 → 调解准备 → 实施调解 → 调解成功制定调解书 → 当事人直接向仲裁机构申请仲裁

发生劳动争议

向法院起诉 15 日　　仲裁机构处理 45 日（延长期限不超过 15 日）　　调解组织调解 15 日　　发生争议一年内提出申请

图表40 劳动争议仲裁流程图

附录一　关键词索引

附录二　常用劳动法律法规

中华人民共和国劳动法

（1994 年 7 月 5 日第八届全国人民代表大会常务委员会第八次会议通过。根据 2009 年 8 月 27 日第十一届全国人民代表大会常务委员会第十次会议《关于修改部分法律的决定》第一次修正。根据 2018 年 12 月 29 日第十三届全国人民代表大会常务委员会第七次会议《关于修改〈中华人民共和国劳动法〉等七部法律的决定》第二次修正。）

第一章　总　则

第一条　为了保护劳动者的合法权益，调整劳动关系，建立和维护适应社会主义市场经济的劳动制度，促进经济发展和社会进步，根据宪法，制定本法。

第二条　在中华人民共和国境内的企业、个体经济组织（以下统称用人单位）和与之形成劳动关系的劳动者，适用本法。

国家机关、事业组织、社会团体和与之建立劳动合同关系的劳动者，依照本法执行。

第三条　劳动者享有平等就业和选择职业的权利、取得劳动报酬的权利、休息休假的权利、获得劳动安全卫生保护的权利、接受职业技能培训的权利、享受社会保险和福利的权利、提请劳动争议处理的权利以及法律规定的其他劳动权利。

劳动者应当完成劳动任务，提高职业技能，执行劳动安全卫生规程，遵守劳动纪律和职业道德。

第四条　用人单位应当依法建立和完善规章制度，保障劳动者享有劳动权利和履行劳动义务。

第五条　国家采取各种措施，促进劳动就业，发展职业教育，制定劳动标准，调节社会收入，完善社会保险，协调劳动关系，逐步提高劳动者的生活水平。

第六条　国家提倡劳动者参加社会义务劳动，开展劳动竞赛和合理化建议活动，鼓励和保护劳动者进行科学研究、技术革新和发明创造，表彰和奖励劳动模范和先进工作者。

第七条　劳动者有权依法参加和组织工会。

工会代表和维护劳动者的合法权益，依法独立自主地开展活动。

第八条　劳动者依照法律规定，通过职工大会、职工代表大会或者其他形式，参与民主管理或者就保护劳动者合法权益与用人单位进行平等协商。

第九条　国务院劳动行政部门主管全国劳动工作。

县级以上地方人民政府劳动行政部门主管本行政区域内的劳动工作。

第二章　促进就业

第十条　国家通过促进经济和社会发展，创造就业条件，扩大就业机会。

国家鼓励企业、事业组织、社会团体在法律、行政法规规定的范围内兴办产业或者拓展经营，增加就业。

国家支持劳动者自愿组织起来就业和从事个体经营实现就业。

第十一条　地方各级人民政府应当采取措施，发展多种类型的职业介绍机构，提供就业服务。

第十二条　劳动者就业，不因民族、种族、性别、宗教信仰不同而受歧视。

第十三条　妇女享有与男子平等的就业权利。在录用职工时，除国家规定的不适合妇女的工种或者岗位外，不得以性别为由拒绝录用妇女或者提高对妇女的录用标准。

第十四条　残疾人、少数民族人员、退出现役的军人的就业，法律、法规有特别规定的，从其规定。

第十五条 禁止用人单位招用未满十六周岁的未成年人。

文艺、体育和特种工艺单位招用未满十六周岁的未成年人，必须遵守国家有关规定，并保障其接受义务教育的权利。

第三章 劳动合同和集体合同

第十六条 劳动合同是劳动者与用人单位确立劳动关系、明确双方权利和义务的协议。

建立劳动关系应当订立劳动合同。

第十七条 订立和变更劳动合同，应当遵循平等自愿、协商一致的原则，不得违反法律、行政法规的规定。

劳动合同依法订立即具有法律约束力，当事人必须履行劳动合同规定的义务。

第十八条 下列劳动合同无效：

（一）违反法律、行政法规的劳动合同；

（二）采取欺诈、威胁等手段订立的劳动合同。

无效的劳动合同，从订立的时候起，就没有法律约束力。确认劳动合同部分无效的，如果不影响其余部分的效力，其余部分仍然有效。

劳动合同的无效，由劳动争议仲裁委员会或者人民法院确认。

第十九条 劳动合同应当以书面形式订立，并具备以下条款：

（一）劳动合同期限；

（二）工作内容；

（三）劳动保护和劳动条件；

（四）劳动报酬；

（五）劳动纪律；

（六）劳动合同终止的条件；

（七）违反劳动合同的责任。

劳动合同除前款规定的必备条款外，当事人可以协商约定其他内容。

第二十条　劳动合同的期限分为有固定期限、无固定期限和以完成一定的工作为期限。

劳动者在同一用人单位连续工作满十年以上，当事人双方同意续延劳动合同的，如果劳动者提出订立无固定期限的劳动合同，应当订立无固定期限的劳动合同。

第二十一条　劳动合同可以约定试用期。试用期最长不得超过六个月。

第二十二条　劳动合同当事人可以在劳动合同中约定保守用人单位商业秘密的有关事项。

第二十三条　劳动合同期满或者当事人约定的劳动合同终止条件出现，劳动合同即行终止。

第二十四条　经劳动合同当事人协商一致，劳动合同可以解除。

第二十五条　劳动者有下列情形之一的，用人单位可以解除劳动合同：

（一）在试用期间被证明不符合录用条件的；

（二）严重违反劳动纪律或者用人单位规章制度的；

（三）严重失职，营私舞弊，对用人单位利益造成重大损害的；

（四）被依法追究刑事责任的。

第二十六条　有下列情形之一的，用人单位可以解除劳动合同，但是应当提前三十日以书面形式通知劳动者本人：

（一）劳动者患病或者非因工负伤，医疗期满后，不能从事原工作也不能从事由用人单位另行安排的工作的；

（二）劳动者不能胜任工作，经过培训或者调整工作岗位，仍不能胜任工作的；

（三）劳动合同订立时所依据的客观情况发生重大变化，致使原劳动合同无法履行，经当事人协商不能就变更劳动合同达成协议的。

第二十七条　用人单位濒临破产进行法定整顿期间或者生产经营状况发生严重困难，确需裁减人员的，应当提前三十日向工会或者全体职工说明情况，听取工会或者职工的意见，经向劳动行政部门报告后，可以裁减人员。

用人单位依据本条规定裁减人员，在六个月内录用人员的，应当优先录用被裁减的人员。

第二十八条　用人单位依据本法第二十四条、第二十六条、第二十七条的规定解除劳动合同的，应当依照国家有关规定给予经济补偿。

第二十九条　劳动者有下列情形之一的，用人单位不得依据本法第二十六条、第二十七条的规定解除劳动合同：

（一）患职业病或者因工负伤并被确认丧失或者部分丧失劳动能力的；

（二）患病或者负伤，在规定的医疗期内的；

（三）女职工在孕期、产期、哺乳期内的；

（四）法律、行政法规规定的其他情形。

第三十条　用人单位解除劳动合同，工会认为不适当的，有权提出意见。如果用人单位违反法律、法规或者劳动合同，工会有权要求重新处理；劳动者申请仲裁或者提起诉讼的，工会应当依法给予支持和帮助。

第三十一条　劳动者解除劳动合同，应当提前三十日以书面形式通知用人单位。

第三十二条　有下列情形之一的，劳动者可以随时通知用人单位解除劳动合同：

（一）在试用期内的；

（二）用人单位以暴力、威胁或者非法限制人身自由的手段强迫劳动的；

（三）用人单位未按照劳动合同约定支付劳动报酬或者提供劳动条件的。

第三十三条　企业职工一方与企业可以就劳动报酬、工作时间、休息休假、劳动安全卫生、保险福利等事项，签订集体合同。集体合同草案应当提交职工代表大会或者全体职工讨论通过。

集体合同由工会代表职工与企业签订；没有建立工会的企业，由职工推举的代表与企业签订。

第三十四条 集体合同签订后应当报送劳动行政部门；劳动行政部门自收到集体合同文本之日起十五日内未提出异议的，集体合同即行生效。

第三十五条 依法签订的集体合同对企业和企业全体职工具有约束力。职工个人与企业订立的劳动合同中劳动条件和劳动报酬等标准不得低于集体合同的规定。

第四章　工作时间和休息休假

第三十六条 国家实行劳动者每日工作时间不超过八小时、平均每周工作时间不超过四十四小时的工时制度。

第三十七条 对实行计件工作的劳动者，用人单位应当根据本法第三十六条规定的工时制度合理确定其劳动定额和计件报酬标准。

第三十八条 用人单位应当保证劳动者每周至少休息一日。

第三十九条 企业因生产特点不能实行本法第三十六条、第三十八条规定的，经劳动行政部门批准，可以实行其他工作和休息办法。

第四十条 用人单位在下列节日期间应当依法安排劳动者休假：

（一）元旦；

（二）春节；

（三）国际劳动节；

（四）国庆节；

（五）法律、法规规定的其他休假节日。

第四十一条 用人单位由于生产经营需要，经与工会和劳动者协商后可以延长工作时间，一般每日不得超过一小时；因特殊原因需要延长工作时间的，在保障劳动者身体健康的条件下延长工作时间每日不得超过三小时，但是每月不得超过三十六小时。

第四十二条　有下列情形之一的，延长工作时间不受本法第四十一条规定的限制：

（一）发生自然灾害、事故或者因其他原因，威胁劳动者生命健康和财产安全，需要紧急处理的；

（二）生产设备、交通运输线路、公共设施发生故障，影响生产和公众利益，必须及时抢修的；

（三）法律、行政法规规定的其他情形。

第四十三条　用人单位不得违反本法规定延长劳动者的工作时间。

第四十四条　有下列情形之一的，用人单位应当按照下列标准支付高于劳动者正常工作时间工资的工资报酬：

（一）安排劳动者延长工作时间的，支付不低于工资的百分之一百五十的工资报酬；

（二）休息日安排劳动者工作又不能安排补休的，支付不低于工资的百分之二百的工资报酬；

（三）法定休假日安排劳动者工作的，支付不低于工资的百分之三百的工资报酬。

第四十五条　国家实行带薪年休假制度。

劳动者连续工作一年以上的，享受带薪年休假。具体办法由国务院规定。

第五章　工　资

第四十六条　工资分配应当遵循按劳分配原则，实行同工同酬。

工资水平在经济发展的基础上逐步提高。国家对工资总量实行宏观调控。

第四十七条　用人单位根据本单位的生产经营特点和经济效益，依法自主确定本单位的工资分配方式和工资水平。

第四十八条　国家实行最低工资保障制度。最低工资的具体标准由省、自治区、直辖市人民政府规定，报国务院备案。

用人单位支付劳动者的工资不得低于当地最低工资标准。

第四十九条 确定和调整最低工资标准应当综合参考下列因素：

（一）劳动者本人及平均赡养人口的最低生活费用；

（二）社会平均工资水平；

（三）劳动生产率；

（四）就业状况；

（五）地区之间经济发展水平的差异。

第五十条 工资应当以货币形式按月支付给劳动者本人。不得克扣或者无故拖欠劳动者的工资。

第五十一条 劳动者在法定休假日和婚丧假期间以及依法参加社会活动期间，用人单位应当依法支付工资。

第六章 劳动安全卫生

第五十二条 用人单位必须建立、健全劳动安全卫生制度，严格执行国家劳动安全卫生规程和标准，对劳动者进行劳动安全卫生教育，防止劳动过程中的事故，减少职业危害。

第五十三条 劳动安全卫生设施必须符合国家规定的标准。

新建、改建、扩建工程的劳动安全卫生设施必须与主体工程同时设计、同时施工、同时投入生产和使用。

第五十四条 用人单位必须为劳动者提供符合国家规定的劳动安全卫生条件和必要的劳动防护用品，对从事有职业危害作业的劳动者应当定期进行健康检查。

第五十五条 从事特种作业的劳动者必须经过专门培训并取得特种作业资格。

第五十六条 劳动者在劳动过程中必须严格遵守安全操作规程。

劳动者对用人单位管理人员违章指挥、强令冒险作业，有权拒绝执行；对危害生命安全和身体健康的行为，有权提出批评、检举和控告。

第五十七条　国家建立伤亡事故和职业病统计报告和处理制度。县级以上各级人民政府劳动行政部门、有关部门和用人单位应当依法对劳动者在劳动过程中发生的伤亡事故和劳动者的职业病状况，进行统计、报告和处理。

第七章　女职工和未成年工特殊保护

第五十八条　国家对女职工和未成年工实行特殊劳动保护。

未成年工是指年满十六周岁未满十八周岁的劳动者。

第五十九条　禁止安排女职工从事矿山井下、国家规定的第四级体力劳动强度的劳动和其他禁忌从事的劳动。

第六十条　不得安排女职工在经期从事高处、低温、冷水作业和国家规定的第三级体力劳动强度的劳动。

第六十一条　不得安排女职工在怀孕期间从事国家规定的第三级体力劳动强度的劳动和孕期禁忌从事的劳动。对怀孕七个月以上的女职工，不得安排其延长工作时间和夜班劳动。

第六十二条　女职工生育享受不少于九十天的产假。

第六十三条　不得安排女职工在哺乳未满一周岁的婴儿期间从事国家规定的第三级体力劳动强度的劳动和哺乳期禁忌从事的其他劳动，不得安排其延长工作时间和夜班劳动。

第六十四条　不得安排未成年工从事矿山井下、有毒有害、国家规定的第四级体力劳动强度的劳动和其他禁忌从事的劳动。

第六十五条　用人单位应当对未成年工定期进行健康检查。

第八章　职业培训

第六十六条　国家通过各种途径，采取各种措施，发展职业培训事业，开发劳动者的职业技能，提高劳动者素质，增强劳动者的就业能力和工作能力。

第六十七条　各级人民政府应当把发展职业培训纳入社会经济发展的规划，鼓励和支持有条件的企业、事业组织、社会团体和个人进行各种形式的职业培训。

第六十八条　用人单位应当建立职业培训制度，按照国家规定提取和使用职业培训经费，根据本单位实际，有计划地对劳动者进行职业培训。

从事技术工种的劳动者，上岗前必须经过培训。

第六十九条　国家确定职业分类，对规定的职业制定职业技能标准，实行职业资格证书制度，由经备案的考核鉴定机构负责对劳动者实施职业技能考核鉴定。

第九章　社会保险和福利

第七十条　国家发展社会保险事业，建立社会保险制度，设立社会保险基金，使劳动者在年老、患病、工伤、失业、生育等情况下获得帮助和补偿。

第七十一条　社会保险水平应当与社会经济发展水平和社会承受能力相适应。

第七十二条　社会保险基金按照保险类型确定资金来源，逐步实行社会统筹。用人单位和劳动者必须依法参加社会保险，缴纳社会保险费。

第七十三条　劳动者在下列情形下，依法享受社会保险待遇：

（一）退休；

（二）患病、负伤；

（三）因工伤残或者患职业病；

（四）失业；

（五）生育。

劳动者死亡后，其遗属依法享受遗属津贴。

劳动者享受社会保险待遇的条件和标准由法律、法规规定。

劳动者享受的社会保险金必须按时足额支付。

第七十四条　社会保险基金经办机构依照法律规定收支、管理和运营社会保险基金，并负有使社会保险基金保值增值的责任。

社会保险基金监督机构依照法律规定，对社会保险基金的收支、管理和运营实施监督。

社会保险基金经办机构和社会保险基金监督机构的设立和职能由法律规定。

任何组织和个人不得挪用社会保险基金。

第七十五条 国家鼓励用人单位根据本单位实际情况为劳动者建立补充保险。

国家提倡劳动者个人进行储蓄性保险。

第七十六条 国家发展社会福利事业，兴建公共福利设施，为劳动者休息、休养和疗养提供条件。

用人单位应当创造条件，改善集体福利，提高劳动者的福利待遇。

第十章　劳动争议

第七十七条 用人单位与劳动者发生劳动争议，当事人可以依法申请调解、仲裁、提起诉讼，也可以协商解决。

调解原则适用于仲裁和诉讼程序。

第七十八条 解决劳动争议，应当根据合法、公正、及时处理的原则，依法维护劳动争议当事人的合法权益。

第七十九条 劳动争议发生后，当事人可以向本单位劳动争议调解委员会申请调解；调解不成，当事人一方要求仲裁的，可以向劳动争议仲裁委员会申请仲裁。当事人一方也可以直接向劳动争议仲裁委员会申请仲裁。对仲裁裁决不服的，可以向人民法院提起诉讼。

第八十条 在用人单位内，可以设立劳动争议调解委员会。劳动争议调解委员会由职工代表、用人单位代表和工会代表组成。劳动争议调解委员会主任由工会代表担任。

劳动争议经调解达成协议的，当事人应当履行。

第八十一条 劳动争议仲裁委员会由劳动行政部门代表、同级工会代表、用人单位方面的代表组成。劳动争议仲裁委员会主任由劳动行政部门代表担任。

第八十二条 提出仲裁要求的一方应当自劳动争议发生之日起

六十日内向劳动争议仲裁委员会提出书面申请。仲裁裁决一般应在收到仲裁申请的六十日内作出。对仲裁裁决无异议的，当事人必须履行。

第八十三条　劳动争议当事人对仲裁裁决不服的，可以自收到仲裁裁决书之日起十五日内向人民法院提起诉讼。一方当事人在法定期限内不起诉又不履行仲裁裁决的，另一方当事人可以申请人民法院强制执行。

第八十四条　因签订集体合同发生争议，当事人协商解决不成的，当地人民政府劳动行政部门可以组织有关各方协调处理。

因履行集体合同发生争议，当事人协商解决不成的，可以向劳动争议仲裁委员会申请仲裁；对仲裁裁决不服的，可以自收到仲裁裁决书之日起十五日内向人民法院提起诉讼。

第十一章　监督检查

第八十五条　县级以上各级人民政府劳动行政部门依法对用人单位遵守劳动法律、法规的情况进行监督检查，对违反劳动法律、法规的行为有权制止，并责令改正。

第八十六条　县级以上各级人民政府劳动行政部门监督检查人员执行公务，有权进入用人单位了解执行劳动法律、法规的情况，查阅必要的资料，并对劳动场所进行检查。

县级以上各级人民政府劳动行政部门监督检查人员执行公务，必须出示证件，秉公执法并遵守有关规定。

第八十七条　县级以上各级人民政府有关部门在各自职责范围内，对用人单位遵守劳动法律、法规的情况进行监督。

第八十八条　各级工会依法维护劳动者的合法权益，对用人单位遵守劳动法律、法规的情况进行监督。

任何组织和个人对于违反劳动法律、法规的行为有权检举和控告。

第十二章 法律责任

第八十九条 用人单位制定的劳动规章制度违反法律、法规规定的，由劳动行政部门给予警告，责令改正；对劳动者造成损害的，应当承担赔偿责任。

第九十条 用人单位违反本法规定，延长劳动者工作时间的，由劳动行政部门给予警告，责令改正，并可以处以罚款。

第九十一条 用人单位有下列侵害劳动者合法权益情形之一的，由劳动行政部门责令支付劳动者的工资报酬、经济补偿，并可以责令支付赔偿金：

（一）克扣或者无故拖欠劳动者工资的；

（二）拒不支付劳动者延长工作时间工资报酬的；

（三）低于当地最低工资标准支付劳动者工资的；

（四）解除劳动合同后，未依照本法规定给予劳动者经济补偿的。

第九十二条 用人单位的劳动安全设施和劳动卫生条件不符合国家规定或者未向劳动者提供必要的劳动防护用品和劳动保护设施的，由劳动行政部门或者有关部门责令改正，可以处以罚款；情节严重的，提请县级以上人民政府决定责令停产整顿；对事故隐患不采取措施，致使发生重大事故，造成劳动者生命和财产损失的，对责任人员依照刑法有关规定追究刑事责任。

第九十三条 用人单位强令劳动者违章冒险作业，发生重大伤亡事故，造成严重后果的，对责任人员依法追究刑事责任。

第九十四条 用人单位非法招用未满十六周岁的未成年人的，由劳动行政部门责令改正，处以罚款；情节严重的，由市场监督管理部门吊销营业执照。

第九十五条 用人单位违反本法对女职工和未成年工的保护规定，侵害其合法权益的，由劳动行政部门责令改正，处以罚款；对女职工或者未成年工造成损害的，应当承担赔偿责任。

第九十六条 用人单位有下列行为之一，由公安机关对责任人员处以十五日以下拘留、罚款或者警告；构成犯罪的，对责任人员依法追究刑事责任：

（一）以暴力、威胁或者非法限制人身自由的手段强迫劳动的；

（二）侮辱、体罚、殴打、非法搜查和拘禁劳动者的。

第九十七条 由于用人单位的原因订立的无效合同，对劳动者造成损害的，应当承担赔偿责任。

第九十八条 用人单位违反本法规定的条件解除劳动合同或者故意拖延不订立劳动合同的，由劳动行政部门责令改正；对劳动者造成损害的，应当承担赔偿责任。

第九十九条 用人单位招用尚未解除劳动合同的劳动者，对原用人单位造成经济损失的，该用人单位应当依法承担连带赔偿责任。

第一百条 用人单位无故不缴纳社会保险费的，由劳动行政部门责令其限期缴纳；逾期不缴的，可以加收滞纳金。

第一百零一条 用人单位无理阻挠劳动行政部门、有关部门及其工作人员行使监督检查权，打击报复举报人员的，由劳动行政部门或者有关部门处以罚款；构成犯罪的，对责任人员依法追究刑事责任。

第一百零二条 劳动者违反本法规定的条件解除劳动合同或者违反劳动合同中约定的保密事项，对用人单位造成经济损失的，应当依法承担赔偿责任。

第一百零三条 劳动行政部门或者有关部门的工作人员滥用职权、玩忽职守、徇私舞弊，构成犯罪的，依法追究刑事责任；不构成犯罪的，给予行政处分。

第一百零四条 国家工作人员和社会保险基金经办机构的工作人员挪用社会保险基金，构成犯罪的，依法追究刑事责任。

第一百零五条 违反本法规定侵害劳动者合法权益，其他法律、行政法规已规定处罚的，依照该法律、行政法规的规定处罚。

第十三章　附　则

第一百零六条　省、自治区、直辖市人民政府根据本法和本地区的实际情况，规定劳动合同制度的实施步骤，报国务院备案。

第一百零七条　本法自 1995 年 1 月 1 日起施行。

中华人民共和国劳动合同法

（2007 年 6 月 29 日第十届全国人民代表大会常务委员会第二十八次会议通过。根据 2012 年 12 月 28 日第十一届全国人民代表大会常务委员会第三十次会议《关于修改〈中华人民共和国劳动合同法〉的决定》修正。）

第一章 总 则

第一条 为了完善劳动合同制度，明确劳动合同双方当事人的权利和义务，保护劳动者的合法权益，构建和发展和谐稳定的劳动关系，制定本法。

第二条 中华人民共和国境内的企业、个体经济组织、民办非企业单位等组织（以下称用人单位）与劳动者建立劳动关系，订立、履行、变更、解除或者终止劳动合同，适用本法。

国家机关、事业单位、社会团体和与其建立劳动关系的劳动者，订立、履行、变更、解除或者终止劳动合同，依照本法执行。

第三条 订立劳动合同，应当遵循合法、公平、平等自愿、协商一致、诚实信用的原则。

依法订立的劳动合同具有约束力，用人单位与劳动者应当履行劳动合同约定的义务。

第四条 用人单位应当依法建立和完善劳动规章制度，保障劳动者享有劳动权利、履行劳动义务。

用人单位在制定、修改或者决定有关劳动报酬、工作时间、休息休假、劳动安全卫生、保险福利、职工培训、劳动纪律以及劳动定额管理等直接涉及劳动者切身利益的规章制度或者重大事项时，应当经职工代表大会或者全体职工讨论，提出方案和意见，与工会或者职工代表平等协商确定。

在规章制度和重大事项决定实施过程中，工会或者职工认为不适当的，有权向用人单位提出，通过协商予以修改完善。

用人单位应当将直接涉及劳动者切身利益的规章制度和重大事项决定公示，或者告知劳动者。

第五条　县级以上人民政府劳动行政部门会同工会和企业方面代表，建立健全协调劳动关系三方机制，共同研究解决有关劳动关系的重大问题。

第六条　工会应当帮助、指导劳动者与用人单位依法订立和履行劳动合同，并与用人单位建立集体协商机制，维护劳动者的合法权益。

第二章　劳动合同的订立

第七条　用人单位自用工之日起即与劳动者建立劳动关系。用人单位应当建立职工名册备查。

第八条　用人单位招用劳动者时，应当如实告知劳动者工作内容、工作条件、工作地点、职业危害、安全生产状况、劳动报酬，以及劳动者要求了解的其他情况；用人单位有权了解劳动者与劳动合同直接相关的基本情况，劳动者应当如实说明。

第九条　用人单位招用劳动者，不得扣押劳动者的居民身份证和其他证件，不得要求劳动者提供担保或者以其他名义向劳动者收取财物。

第十条　建立劳动关系，应当订立书面劳动合同。

已建立劳动关系，未同时订立书面劳动合同的，应当自用工之日起一个月内订立书面劳动合同。

用人单位与劳动者在用工前订立劳动合同的，劳动关系自用工之日起建立。

第十一条　用人单位未在用工的同时订立书面劳动合同，与劳动者约定的劳动报酬不明确的，新招用的劳动者的劳动报酬按照集体合同规定的标准执行；没有集体合同或者集体合同未规定的，实行同工同酬。

第十二条　劳动合同分为固定期限劳动合同、无固定期限劳动合同和以完成一定工作任务为期限的劳动合同。

第十三条　固定期限劳动合同，是指用人单位与劳动者约定合同终止时间的劳动合同。

用人单位与劳动者协商一致，可以订立固定期限劳动合同。

第十四条　无固定期限劳动合同，是指用人单位与劳动者约定无确定终止时间的劳动合同。

用人单位与劳动者协商一致，可以订立无固定期限劳动合同。有下列情形之一，劳动者提出或者同意续订、订立劳动合同的，除劳动者提出订立固定期限劳动合同外，应当订立无固定期限劳动合同：

（一）劳动者在该用人单位连续工作满十年的；

（二）用人单位初次实行劳动合同制度或者国有企业改制重新订立劳动合同时，劳动者在该用人单位连续工作满十年且距法定退休年龄不足十年的；

（三）连续订立二次固定期限劳动合同，且劳动者没有本法第三十九条和第四十条第一项、第二项规定的情形，续订劳动合同的。

用人单位自用工之日起满一年不与劳动者订立书面劳动合同的，视为用人单位与劳动者已订立无固定期限劳动合同。

第十五条　以完成一定工作任务为期限的劳动合同，是指用人单位与劳动者约定以某项工作的完成为合同期限的劳动合同。

用人单位与劳动者协商一致，可以订立以完成一定工作任务为期限的劳动合同。

第十六条　劳动合同由用人单位与劳动者协商一致，并经用人单位与劳动者在劳动合同文本上签字或者盖章生效。

劳动合同文本由用人单位和劳动者各执一份。

第十七条　劳动合同应当具备以下条款：

（一）用人单位的名称、住所和法定代表人或者主要负责人；

（二）劳动者的姓名、住址和居民身份证或者其他有效身份证件号码；

（三）劳动合同期限；

（四）工作内容和工作地点；

（五）工作时间和休息休假；

（六）劳动报酬；

（七）社会保险；

（八）劳动保护、劳动条件和职业危害防护；

（九）法律、法规规定应当纳入劳动合同的其他事项。

劳动合同除前款规定的必备条款外，用人单位与劳动者可以约定试用期、培训、保守秘密、补充保险和福利待遇等其他事项。

第十八条　劳动合同对劳动报酬和劳动条件等标准约定不明确，引发争议的，用人单位与劳动者可以重新协商；协商不成的，适用集体合同规定；没有集体合同或者集体合同未规定劳动报酬的，实行同工同酬；没有集体合同或者集体合同未规定劳动条件等标准的，适用国家有关规定。

第十九条　劳动合同期限三个月以上不满一年的，试用期不得超过一个月；劳动合同期限一年以上不满三年的，试用期不得超过二个月；三年以上固定期限和无固定期限的劳动合同，试用期不得超过六个月。

同一用人单位与同一劳动者只能约定一次试用期。

以完成一定工作任务为期限的劳动合同或者劳动合同期限不满三个月的，不得约定试用期。

试用期包含在劳动合同期限内。劳动合同仅约定试用期的，试用期不成立，该期限为劳动合同期限。

第二十条　劳动者在试用期的工资不得低于本单位相同岗位最低档工资或者劳动合同约定工资的百分之八十，并不得低于用人单位所在地的最低工资标准。

第二十一条　在试用期中，除劳动者有本法第三十九条和第四十条第一项、第二项规定的情形外，用人单位不得解除劳动合同。用人单位在试用期解除劳动合同的，应当向劳动者说明理由。

第二十二条　用人单位为劳动者提供专项培训费用，对其进行专业技术培训的，可以与该劳动者订立协议，约定服务期。

劳动者违反服务期约定的，应当按照约定向用人单位支付违约金。违约金的数额不得超过用人单位提供的培训费用。用人单位要求劳动者支付的违约金不得超过服务期尚未履行部分所应分摊的培训费用。

用人单位与劳动者约定服务期的，不影响按照正常的工资调整机制提高劳动者在服务期期间的劳动报酬。

第二十三条　用人单位与劳动者可以在劳动合同中约定保守用人单位的商业秘密和与知识产权相关的保密事项。

对负有保密义务的劳动者，用人单位可以在劳动合同或者保密协议中与劳动者约定竞业限制条款，并约定在解除或者终止劳动合同后，在竞业限制期限内按月给予劳动者经济补偿。劳动者违反竞业限制约定的，应当按照约定向用人单位支付违约金。

第二十四条　竞业限制的人员限于用人单位的高级管理人员、高级技术人员和其他负有保密义务的人员。竞业限制的范围、地域、期限由用人单位与劳动者约定，竞业限制的约定不得违反法律、法规的规定。

在解除或者终止劳动合同后，前款规定的人员到与本单位生产或者经营同类产品、从事同类业务的有竞争关系的其他用人单位，或者自己开业生产或者经营同类产品、从事同类业务的竞业限制期限，不得超过二年。

第二十五条　除本法第二十二条和第二十三条规定的情形外，用人单位不得与劳动者约定由劳动者承担违约金。

第二十六条　下列劳动合同无效或者部分无效：

（一）以欺诈、胁迫的手段或者乘人之危，使对方在违背真实意思的情况下订立或者变更劳动合同的；

（二）用人单位免除自己的法定责任、排除劳动者权利的；

（三）违反法律、行政法规强制性规定的。

对劳动合同的无效或者部分无效有争议的，由劳动争议仲裁机构或者人民法院确认。

第二十七条　劳动合同部分无效，不影响其他部分效力的，其他部分仍然有效。

第二十八条　劳动合同被确认无效，劳动者已付出劳动的，用人单位应当向劳动者支付劳动报酬。劳动报酬的数额，参照本单位相同或者相近岗位劳动者的劳动报酬确定。

第三章　劳动合同的履行和变更

第二十九条　用人单位与劳动者应当按照劳动合同的约定，全面履行各自的义务。

第三十条　用人单位应当按照劳动合同约定和国家规定，向劳动者及时足额支付劳动报酬。

用人单位拖欠或者未足额支付劳动报酬的，劳动者可以依法向当地人民法院申请支付令，人民法院应当依法发出支付令。

第三十一条　用人单位应当严格执行劳动定额标准，不得强迫或者变相强迫劳动者加班。用人单位安排加班的，应当按照国家有关规定向劳动者支付加班费。

第三十二条　劳动者拒绝用人单位管理人员违章指挥、强令冒险作业的，不视为违反劳动合同。

劳动者对危害生命安全和身体健康的劳动条件，有权对用人单位提出批评、检举和控告。

第三十三条　用人单位变更名称、法定代表人、主要负责人或者投资人等事项，不影响劳动合同的履行。

第三十四条　用人单位发生合并或者分立等情况，原劳动合同继续有效，劳动合同由承继其权利和义务的用人单位继续履行。

第三十五条　用人单位与劳动者协商一致，可以变更劳动合同约定的内容。变更劳动合同，应当采用书面形式。

变更后的劳动合同文本由用人单位和劳动者各执一份。

第四章　劳动合同的解除和终止

第三十六条　用人单位与劳动者协商一致，可以解除劳动合同。

第三十七条　劳动者提前三十日以书面形式通知用人单位，可以解除劳动合同。劳动者在试用期内提前三日通知用人单位，可以解除劳动合同。

第三十八条　用人单位有下列情形之一的，劳动者可以解除劳动合同：

（一）未按照劳动合同约定提供劳动保护或者劳动条件的；

（二）未及时足额支付劳动报酬的；

（三）未依法为劳动者缴纳社会保险费的；

（四）用人单位的规章制度违反法律、法规的规定，损害劳动者权益的；

（五）因本法第二十六条第一款规定的情形致使劳动合同无效的；

（六）法律、行政法规规定劳动者可以解除劳动合同的其他情形。

用人单位以暴力、威胁或者非法限制人身自由的手段强迫劳动者劳动的，或者用人单位违章指挥、强令冒险作业危及劳动者人身安全的，劳动者可以立即解除劳动合同，不需事先告知用人单位。

第三十九条　劳动者有下列情形之一的，用人单位可以解除劳动合同：

（一）在试用期间被证明不符合录用条件的；

（二）严重违反用人单位的规章制度的；

（三）严重失职，营私舞弊，给用人单位造成重大损害的；

（四）劳动者同时与其他用人单位建立劳动关系，对完成本单位的工作任务造成严重影响，或者经用人单位提出，拒不改正的；

（五）因本法第二十六条第一款第一项规定的情形致使劳动合同无效的；

（六）被依法追究刑事责任的。

第四十条　有下列情形之一的，用人单位提前三十日以书面形式通知劳动者本人或者额外支付劳动者一个月工资后，可以解除劳动合同：

（一）劳动者患病或者非因工负伤，在规定的医疗期满后不能从事原工作，也不能从事由用人单位另行安排的工作的；

（二）劳动者不能胜任工作，经过培训或者调整工作岗位，仍不能胜任工作的；

（三）劳动合同订立时所依据的客观情况发生重大变化，致使劳动合同无法履行，经用人单位与劳动者协商，未能就变更劳动合同内容达成协议的。

第四十一条　有下列情形之一，需要裁减人员二十人以上或者裁减不足二十人但占企业职工总数百分之十以上的，用人单位提前三十日向工会或者全体职工说明情况，听取工会或者职工的意见后，裁减人员方案经向劳动行政部门报告，可以裁减人员：

（一）依照企业破产法规定进行重整的；

（二）生产经营发生严重困难的；

（三）企业转产、重大技术革新或者经营方式调整，经变更劳动合同后，仍需裁减人员的；

（四）其他因劳动合同订立时所依据的客观经济情况发生重大变化，致使劳动合同无法履行的。

裁减人员时，应当优先留用下列人员：

（一）与本单位订立较长期限的固定期限劳动合同的；

（二）与本单位订立无固定期限劳动合同的；

（三）家庭无其他就业人员，有需要扶养的老人或者未成年人的。

用人单位依照本条第一款规定裁减人员，在六个月内重新招用人员的，应当通知被裁减的人员，并在同等条件下优先招用被裁减的人员。

第四十二条　劳动者有下列情形之一的，用人单位不得依照本法第四十条、第四十一条的规定解除劳动合同：

（一）从事接触职业病危害作业的劳动者未进行离岗前职业健康检查，或者疑似职业病病人在诊断或者医学观察期间的；

（二）在本单位患职业病或者因工负伤并被确认丧失或者部分丧失劳动能力的；

（三）患病或者非因工负伤，在规定的医疗期内的；

（四）女职工在孕期、产期、哺乳期的；

（五）在本单位连续工作满十五年，且距法定退休年龄不足五年的；

（六）法律、行政法规规定的其他情形。

第四十三条 用人单位单方解除劳动合同，应当事先将理由通知工会。用人单位违反法律、行政法规规定或者劳动合同约定的，工会有权要求用人单位纠正。用人单位应当研究工会的意见，并将处理结果书面通知工会。

第四十四条 有下列情形之一的，劳动合同终止：

（一）劳动合同期满的；

（二）劳动者开始依法享受基本养老保险待遇的；

（三）劳动者死亡，或者被人民法院宣告死亡或者宣告失踪的；

（四）用人单位被依法宣告破产的；

（五）用人单位被吊销营业执照、责令关闭、撤销或者用人单位决定提前解散的；

（六）法律、行政法规规定的其他情形。

第四十五条 劳动合同期满，有本法第四十二条规定情形之一的，劳动合同应当续延至相应的情形消失时终止。但是，本法第四十二条第二项规定丧失或者部分丧失劳动能力劳动者的劳动合同的终止，按照国家有关工伤保险的规定执行。

第四十六条 有下列情形之一的，用人单位应当向劳动者支付经济补偿：

（一）劳动者依照本法第三十八条规定解除劳动合同的；

（二）用人单位依照本法第三十六条规定向劳动者提出解除劳动合同并与劳动者协商一致解除劳动合同的；

（三）用人单位依照本法第四十条规定解除劳动合同的；

（四）用人单位依照本法第四十一条第一款规定解除劳动合

同的；

（五）除用人单位维持或者提高劳动合同约定条件续订劳动合同，劳动者不同意续订的情形外，依照本法第四十四条第一项规定终止固定期限劳动合同的；

（六）依照本法第四十四条第四项、第五项规定终止劳动合同的；

（七）法律、行政法规规定的其他情形。

第四十七条 经济补偿按劳动者在本单位工作的年限，每满一年支付一个月工资的标准向劳动者支付。六个月以上不满一年的，按一年计算；不满六个月的，向劳动者支付半个月工资的经济补偿。

劳动者月工资高于用人单位所在直辖市、设区的市级人民政府公布的本地区上年度职工月平均工资三倍的，向其支付经济补偿的标准按职工月平均工资三倍的数额支付，向其支付经济补偿的年限最高不超过十二年。

本条所称月工资是指劳动者在劳动合同解除或者终止前十二个月的平均工资。

第四十八条 用人单位违反本法规定解除或者终止劳动合同，劳动者要求继续履行劳动合同的，用人单位应当继续履行；劳动者不要求继续履行劳动合同或者劳动合同已经不能继续履行的，用人单位应当依照本法第八十七条规定支付赔偿金。

第四十九条 国家采取措施，建立健全劳动者社会保险关系跨地区转移接续制度。

第五十条 用人单位应当在解除或者终止劳动合同时出具解除或者终止劳动合同的证明，并在十五日内为劳动者办理档案和社会保险关系转移手续。

劳动者应当按照双方约定，办理工作交接。用人单位依照本法有关规定应当向劳动者支付经济补偿的，在办结工作交接时支付。

用人单位对已经解除或者终止的劳动合同的文本，至少保存二年备查。

第五章　特别规定

第一节　集体合同

第五十一条　企业职工一方与用人单位通过平等协商，可以就劳动报酬、工作时间、休息休假、劳动安全卫生、保险福利等事项订立集体合同。集体合同草案应当提交职工代表大会或者全体职工讨论通过。

集体合同由工会代表企业职工一方与用人单位订立；尚未建立工会的用人单位，由上级工会指导劳动者推举的代表与用人单位订立。

第五十二条　企业职工一方与用人单位可以订立劳动安全卫生、女职工权益保护、工资调整机制等专项集体合同。

第五十三条　在县级以下区域内，建筑业、采矿业、餐饮服务业等行业可以由工会与企业方面代表订立行业性集体合同，或者订立区域性集体合同。

第五十四条　集体合同订立后，应当报送劳动行政部门；劳动行政部门自收到集体合同文本之日起十五日内未提出异议的，集体合同即行生效。

依法订立的集体合同对用人单位和劳动者具有约束力。行业性、区域性集体合同对当地本行业、本区域的用人单位和劳动者具有约束力。

第五十五条　集体合同中劳动报酬和劳动条件等标准不得低于当地人民政府规定的最低标准；用人单位与劳动者订立的劳动合同中劳动报酬和劳动条件等标准不得低于集体合同规定的标准。

第五十六条　用人单位违反集体合同，侵犯职工劳动权益的，工会可以依法要求用人单位承担责任；因履行集体合同发生争议，经协商解决不成的，工会可以依法申请仲裁、提起诉讼。

第二节　劳务派遣

第五十七条　经营劳务派遣业务应当具备下列条件：

（一）注册资本不得少于人民币二百万元；

（二）有与开展业务相适应的固定的经营场所和设施；

（三）有符合法律、行政法规规定的劳务派遣管理制度；

（四）法律、行政法规规定的其他条件。

经营劳务派遣业务，应当向劳动行政部门依法申请行政许可；经许可的，依法办理相应的公司登记。未经许可，任何单位和个人不得经营劳务派遣业务。

第五十八条　劳务派遣单位是本法所称用人单位，应当履行用人单位对劳动者的义务。劳务派遣单位与被派遣劳动者订立的劳动合同，除应当载明本法第十七条规定的事项外，还应当载明被派遣劳动者的用工单位以及派遣期限、工作岗位等情况。

劳务派遣单位应当与被派遣劳动者订立二年以上的固定期限劳动合同，按月支付劳动报酬；被派遣劳动者在无工作期间，劳务派遣单位应当按照所在地人民政府规定的最低工资标准，向其按月支付报酬。

第五十九条　劳务派遣单位派遣劳动者应当与接受以劳务派遣形式用工的单位（以下称用工单位）订立劳务派遣协议。劳务派遣协议应当约定派遣岗位和人员数量、派遣期限、劳动报酬和社会保险费的数额与支付方式以及违反协议的责任。

用工单位应当根据工作岗位的实际需要与劳务派遣单位确定派遣期限，不得将连续用工期限分割订立数个短期劳务派遣协议。

第六十条　劳务派遣单位应当将劳务派遣协议的内容告知被派遣劳动者。

劳务派遣单位不得克扣用工单位按照劳务派遣协议支付给被派遣劳动者的劳动报酬。

劳务派遣单位和用工单位不得向被派遣劳动者收取费用。

第六十一条　劳务派遣单位跨地区派遣劳动者的，被派遣劳动者享有的劳动报酬和劳动条件，按照用工单位所在地的标准执行。

第六十二条　用工单位应当履行下列义务：

（一）执行国家劳动标准，提供相应的劳动条件和劳动保护；

（二）告知被派遣劳动者的工作要求和劳动报酬；

（三）支付加班费、绩效奖金，提供与工作岗位相关的福利待遇；

（四）对在岗被派遣劳动者进行工作岗位所必需的培训；

（五）连续用工的，实行正常的工资调整机制。

用工单位不得将被派遣劳动者再派遣到其他用人单位。

第六十三条　被派遣劳动者享有与用工单位的劳动者同工同酬的权利。用工单位应当按照同工同酬原则，对被派遣劳动者与本单位同类岗位的劳动者实行相同的劳动报酬分配办法。用工单位无同类岗位劳动者的，参照用工单位所在地相同或者相近岗位劳动者的劳动报酬确定。

劳务派遣单位与被派遣劳动者订立的劳动合同和与用工单位订立的劳务派遣协议，载明或者约定的向被派遣劳动者支付的劳动报酬应当符合前款规定。

第六十四条　被派遣劳动者有权在劳务派遣单位或者用工单位依法参加或者组织工会，维护自身的合法权益。

第六十五条　被派遣劳动者可以依照本法第三十六条、第三十八条的规定与劳务派遣单位解除劳动合同。

被派遣劳动者有本法第三十九条和第四十条第一项、第二项规定情形的，用工单位可以将劳动者退回劳务派遣单位，劳务派遣单位依照本法有关规定，可以与劳动者解除劳动合同。

第六十六条　劳动合同用工是我国的企业基本用工形式。劳务派遣用工是补充形式，只能在临时性、辅助性或者替代性的工作岗位上实施。

前款规定的临时性工作岗位是指存续时间不超过六个月的岗位；辅助性工作岗位是指为主营业务岗位提供服务的非主营业务岗位；替代性工作岗位是指用工单位的劳动者因脱产学习、休假等原因无法工作的一定期间内,可以由其他劳动者替代工作的岗位。

用工单位应当严格控制劳务派遣用工数量,不得超过其用工总量的一定比例,具体比例由国务院劳动行政部门规定。

第六十七条 用人单位不得设立劳务派遣单位向本单位或者所属单位派遣劳动者。

第三节 非全日制用工

第六十八条 非全日制用工,是指以小时计酬为主,劳动者在同一用人单位一般平均每日工作时间不超过四小时,每周工作时间累计不超过二十四小时的用工形式。

第六十九条 非全日制用工双方当事人可以订立口头协议。从事非全日制用工的劳动者可以与一个或者一个以上用人单位订立劳动合同;但是,后订立的劳动合同不得影响先订立的劳动合同的履行。

第七十条 非全日制用工双方当事人不得约定试用期。

第七十一条 非全日制用工双方当事人任何一方都可以随时通知对方终止用工。终止用工,用人单位不向劳动者支付经济补偿。

第七十二条 非全日制用工小时计酬标准不得低于用人单位所在地人民政府规定的最低小时工资标准。

非全日制用工劳动报酬结算支付周期最长不得超过十五日。

第六章 监督检查

第七十三条 国务院劳动行政部门负责全国劳动合同制度实施的监督管理。

县级以上地方人民政府劳动行政部门负责本行政区域内劳动合同制度实施的监督管理。

县级以上各级人民政府劳动行政部门在劳动合同制度实施的监督管理工作中,应当听取工会、企业方面代表以及有关行业主管部门的意见。

第七十四条 县级以上地方人民政府劳动行政部门依法对下列

实施劳动合同制度的情况进行监督检查：

（一）用人单位制定直接涉及劳动者切身利益的规章制度及其执行的情况；

（二）用人单位与劳动者订立和解除劳动合同的情况；

（三）劳务派遣单位和用工单位遵守劳务派遣有关规定的情况；

（四）用人单位遵守国家关于劳动者工作时间和休息休假规定的情况；

（五）用人单位支付劳动合同约定的劳动报酬和执行最低工资标准的情况；

（六）用人单位参加各项社会保险和缴纳社会保险费的情况；

（七）法律、法规规定的其他劳动监察事项。

第七十五条　县级以上地方人民政府劳动行政部门实施监督检查时，有权查阅与劳动合同、集体合同有关的材料，有权对劳动场所进行实地检查，用人单位和劳动者都应当如实提供有关情况和材料。

劳动行政部门的工作人员进行监督检查，应当出示证件，依法行使职权，文明执法。

第七十六条　县级以上人民政府建设、卫生、安全生产监督管理等有关主管部门在各自职责范围内，对用人单位执行劳动合同制度的情况进行监督管理。

第七十七条　劳动者合法权益受到侵害的，有权要求有关部门依法处理，或者依法申请仲裁、提起诉讼。

第七十八条　工会依法维护劳动者的合法权益，对用人单位履行劳动合同、集体合同的情况进行监督。用人单位违反劳动法律、法规和劳动合同、集体合同的，工会有权提出意见或者要求纠正；劳动者申请仲裁、提起诉讼的，工会依法给予支持和帮助。

第七十九条　任何组织或者个人对违反本法的行为都有权举报，县级以上人民政府劳动行政部门应当及时核实、处理，并对举报有功人员给予奖励。

第七章　法律责任

第八十条　用人单位直接涉及劳动者切身利益的规章制度违反法律、法规规定的，由劳动行政部门责令改正，给予警告；给劳动者造成损害的，应当承担赔偿责任。

第八十一条　用人单位提供的劳动合同文本未载明本法规定的劳动合同必备条款或者用人单位未将劳动合同文本交付劳动者的，由劳动行政部门责令改正；给劳动者造成损害的，应当承担赔偿责任。

第八十二条　用人单位自用工之日起超过一个月不满一年未与劳动者订立书面劳动合同的，应当向劳动者每月支付二倍的工资。

用人单位违反本法规定不与劳动者订立无固定期限劳动合同的，自应当订立无固定期限劳动合同之日起向劳动者每月支付二倍的工资。

第八十三条　用人单位违反本法规定与劳动者约定试用期的，由劳动行政部门责令改正；违法约定的试用期已经履行的，由用人单位以劳动者试用期满月工资为标准，按已经履行的超过法定试用期的期间向劳动者支付赔偿金。

第八十四条　用人单位违反本法规定，扣押劳动者居民身份证等证件的，由劳动行政部门责令限期退还劳动者本人，并依照有关法律规定给予处罚。

用人单位违反本法规定，以担保或者其他名义向劳动者收取财物的，由劳动行政部门责令限期退还劳动者本人，并以每人五百元以上二千元以下的标准处以罚款；给劳动者造成损害的，应当承担赔偿责任。

劳动者依法解除或者终止劳动合同，用人单位扣押劳动者档案或者其他物品的，依照前款规定处罚。

第八十五条　用人单位有下列情形之一的，由劳动行政部门责令限期支付劳动报酬、加班费或者经济补偿；劳动报酬低于当地最低工资标准的，应当支付其差额部分；逾期不支付的，责令用人单位按应付金额百分之五十以上百分之一百以下的标准向劳动者加付赔偿金：

（一）未按照劳动合同的约定或者国家规定及时足额支付劳动者劳动报酬的；

（二）低于当地最低工资标准支付劳动者工资的；

（三）安排加班不支付加班费的；

（四）解除或者终止劳动合同，未依照本法规定向劳动者支付经济补偿的。

第八十六条　劳动合同依照本法第二十六条规定被确认无效，给对方造成损害的，有过错的一方应当承担赔偿责任。

第八十七条　用人单位违反本法规定解除或者终止劳动合同的，应当依照本法第四十七条规定的经济补偿标准的二倍向劳动者支付赔偿金。

第八十八条　用人单位有下列情形之一的，依法给予行政处罚；构成犯罪的，依法追究刑事责任；给劳动者造成损害的，应当承担赔偿责任：

（一）以暴力、威胁或者非法限制人身自由的手段强迫劳动的；

（二）违章指挥或者强令冒险作业危及劳动者人身安全的；

（三）侮辱、体罚、殴打、非法搜查或者拘禁劳动者的；

（四）劳动条件恶劣、环境污染严重，给劳动者身心健康造成严重损害的。

第八十九条　用人单位违反本法规定未向劳动者出具解除或者终止劳动合同的书面证明，由劳动行政部门责令改正；给劳动者造成损害的，应当承担赔偿责任。

第九十条　劳动者违反本法规定解除劳动合同，或者违反劳动合同中约定的保密义务或者竞业限制，给用人单位造成损失的，应当承担赔偿责任。

第九十一条　用人单位招用与其他用人单位尚未解除或者终止劳动合同的劳动者，给其他用人单位造成损失的，应当承担连带赔偿责任。

第九十二条　违反本法规定，未经许可，擅自经营劳务派遣业务的，由劳动行政部门责令停止违法行为，没收违法所得，并处违法所得一倍以上五倍以下的罚款；没有违法所得的，可以处五万元以下的罚款。

劳务派遣单位、用工单位违反本法有关劳务派遣规定的，由劳动行政部门责令限期改正；逾期不改正的，以每人五千元以上一万元以下的标准处以罚款，对劳务派遣单位，吊销其劳务派遣业务经营许可证。用工单位给被派遣劳动者造成损害的，劳务派遣单位与用工单位承担连带赔偿责任。

第九十三条　对不具备合法经营资格的用人单位的违法犯罪行为，依法追究法律责任；劳动者已经付出劳动的，该单位或者其出资人应当依照本法有关规定向劳动者支付劳动报酬、经济补偿、赔偿金；给劳动者造成损害的，应当承担赔偿责任。

第九十四条　个人承包经营违反本法规定招用劳动者，给劳动者造成损害的，发包的组织与个人承包经营者承担连带赔偿责任。

第九十五条　劳动行政部门和其他有关主管部门及其工作人员玩忽职守、不履行法定职责，或者违法行使职权，给劳动者或者用人单位造成损害的，应当承担赔偿责任；对直接负责的主管人员和其他直接责任人员，依法给予行政处分；构成犯罪的，依法追究刑事责任。

第八章　附　则

第九十六条　事业单位与实行聘用制的工作人员订立、履行、变更、解除或者终止劳动合同，法律、行政法规或者国务院另有规定的，依照其规定；未作规定的，依照本法有关规定执行。

第九十七条　本法施行前已依法订立且在本法施行之日存续的劳动合同，继续履行；本法第十四条第二款第三项规定连续订立固定期限劳动合同的次数，自本法施行后续订固定期限劳动合同时开始计算。

本法施行前已建立劳动关系，尚未订立书面劳动合同的，应当自本法施行之日起一个月内订立。

本法施行之日存续的劳动合同在本法施行后解除或者终止，依照本法第四十六条规定应当支付经济补偿的，经济补偿年限自本法施行之日起计算；本法施行前按照当时有关规定，用人单位应当向劳动者支付经济补偿的，按照当时有关规定执行。

第九十八条 本法自 2008 年 1 月 1 日起施行。

中华人民共和国劳动争议调解仲裁法

(2007 年 12 月 29 日第十届全国人民代表大会常务委员会第三十一次会议通过)

第一章 总 则

第一条 为了公正及时解决劳动争议，保护当事人合法权益，促进劳动关系和谐稳定，制定本法。

第二条 中华人民共和国境内的用人单位与劳动者发生的下列劳动争议，适用本法：

（一）因确认劳动关系发生的争议；

（二）因订立、履行、变更、解除和终止劳动合同发生的争议；

（三）因除名、辞退和辞职、离职发生的争议；

（四）因工作时间、休息休假、社会保险、福利、培训以及劳动保护发生的争议；

（五）因劳动报酬、工伤医疗费、经济补偿或者赔偿金等发生的争议；

（六）法律、法规规定的其他劳动争议。

第三条 解决劳动争议，应当根据事实，遵循合法、公正、及时、着重调解的原则，依法保护当事人的合法权益。

第四条 发生劳动争议，劳动者可以与用人单位协商，也可以请工会或者第三方共同与用人单位协商，达成和解协议。

第五条 发生劳动争议，当事人不愿协商、协商不成或者达成和解协议后不履行的，可以向调解组织申请调解；不愿调解、调解不成或者达成调解协议后不履行的，可以向劳动争议仲裁委员会申请仲裁；对仲裁裁决不服的，除本法另有规定的外，可以向人民法院提起诉讼。

第六条 发生劳动争议，当事人对自己提出的主张，有责任提供证据。与争议事项有关的证据属于用人单位掌握管理的，用人单位应当提供；用人单位不提供的，应当承担不利后果。

第七条　发生劳动争议的劳动者一方在十人以上，并有共同请求的，可以推举代表参加调解、仲裁或者诉讼活动。

第八条　县级以上人民政府劳动行政部门会同工会和企业方面代表建立协调劳动关系三方机制，共同研究解决劳动争议的重大问题。

第九条　用人单位违反国家规定，拖欠或者未足额支付劳动报酬，或者拖欠工伤医疗费、经济补偿或者赔偿金的，劳动者可以向劳动行政部门投诉，劳动行政部门应当依法处理。

第二章　调　解

第十条　发生劳动争议，当事人可以到下列调解组织申请调解：

（一）企业劳动争议调解委员会；
（二）依法设立的基层人民调解组织；
（三）在乡镇、街道设立的具有劳动争议调解职能的组织。

企业劳动争议调解委员会由职工代表和企业代表组成。职工代表由工会成员担任或者由全体职工推举产生，企业代表由企业负责人指定。企业劳动争议调解委员会主任由工会成员或者双方推举的人员担任。

第十一条　劳动争议调解组织的调解员应当由公道正派、联系群众、热心调解工作，并具有一定法律知识、政策水平和文化水平的成年公民担任。

第十二条　当事人申请劳动争议调解可以书面申请，也可以口头申请。口头申请的，调解组织应当当场记录申请人基本情况、申请调解的争议事项、理由和时间。

第十三条　调解劳动争议，应当充分听取双方当事人对事实和理由的陈述，耐心疏导，帮助其达成协议。

第十四条　经调解达成协议的，应当制作调解协议书。

调解协议书由双方当事人签名或者盖章，经调解员签名并加盖调解组织印章后生效，对双方当事人具有约束力，当事人应当履行。

自劳动争议调解组织收到调解申请之日起十五日内未达成调解协议的，当事人可以依法申请仲裁。

第十五条　达成调解协议后，一方当事人在协议约定期限内不履行调解协议的，另一方当事人可以依法申请仲裁。

第十六条　因支付拖欠劳动报酬、工伤医疗费、经济补偿或者赔偿金事项达成调解协议，用人单位在协议约定期限内不履行的，劳动者可以持调解协议书依法向人民法院申请支付令。人民法院应当依法发出支付令。

第三章　仲　裁

第一节　一般规定

第十七条　劳动争议仲裁委员会按照统筹规划、合理布局和适应实际需要的原则设立。省、自治区人民政府可以决定在市、县设立；直辖市人民政府可以决定在区、县设立。直辖市、设区的市也可以设立一个或者若干个劳动争议仲裁委员会。劳动争议仲裁委员会不按行政区划层层设立。

第十八条　国务院劳动行政部门依照本法有关规定制定仲裁规则。省、自治区、直辖市人民政府劳动行政部门对本行政区域的劳动争议仲裁工作进行指导。

第十九条　劳动争议仲裁委员会由劳动行政部门代表、工会代表和企业方面代表组成。劳动争议仲裁委员会组成人员应当是单数。

劳动争议仲裁委员会依法履行下列职责：

（一）聘任、解聘专职或者兼职仲裁员；

（二）受理劳动争议案件；

（三）讨论重大或者疑难的劳动争议案件；

（四）对仲裁活动进行监督。

劳动争议仲裁委员会下设办事机构，负责办理劳动争议仲裁委员会的日常工作。

第二十条 劳动争议仲裁委员会应当设仲裁员名册。

仲裁员应当公道正派并符合下列条件之一：

（一）曾任审判员的；

（二）从事法律研究、教学工作并具有中级以上职称的；

（三）具有法律知识、从事人力资源管理或者工会等专业工作满五年的；

（四）律师执业满三年的。

第二十一条 劳动争议仲裁委员会负责管辖本区域内发生的劳动争议。

劳动争议由劳动合同履行地或者用人单位所在地的劳动争议仲裁委员会管辖。双方当事人分别向劳动合同履行地和用人单位所在地的劳动争议仲裁委员会申请仲裁的，由劳动合同履行地的劳动争议仲裁委员会管辖。

第二十二条 发生劳动争议的劳动者和用人单位为劳动争议仲裁案件的双方当事人。

劳务派遣单位或者用工单位与劳动者发生劳动争议的，劳务派遣单位和用工单位为共同当事人。

第二十三条 与劳动争议案件的处理结果有利害关系的第三人，可以申请参加仲裁活动或者由劳动争议仲裁委员会通知其参加仲裁活动。

第二十四条 当事人可以委托代理人参加仲裁活动。委托他人参加仲裁活动，应当向劳动争议仲裁委员会提交有委托人签名或者盖章的委托书，委托书应当载明委托事项和权限。

第二十五条 丧失或者部分丧失民事行为能力的劳动者，由其法定代理人代为参加仲裁活动；无法定代理人的，由劳动争议仲裁委员会为其指定代理人。劳动者死亡的，由其近亲属或者代理人参加仲裁活动。

第二十六条　劳动争议仲裁公开进行，但当事人协议不公开进行或者涉及国家秘密、商业秘密和个人隐私的除外。

第二节　申请和受理

第二十七条　劳动争议申请仲裁的时效期间为一年。仲裁时效期间从当事人知道或者应当知道其权利被侵害之日起计算。

前款规定的仲裁时效，因当事人一方向对方当事人主张权利，或者向有关部门请求权利救济，或者对方当事人同意履行义务而中断。从中断时起，仲裁时效期间重新计算。

因不可抗力或者有其他正当理由，当事人不能在本条第一款规定的仲裁时效期间申请仲裁的，仲裁时效中止。从中止时效的原因消除之日起，仲裁时效期间继续计算。

劳动关系存续期间因拖欠劳动报酬发生争议的，劳动者申请仲裁不受本条第一款规定的仲裁时效期间的限制；但是，劳动关系终止的，应当自劳动关系终止之日起一年内提出。

第二十八条　申请人申请仲裁应当提交书面仲裁申请，并按照被申请人人数提交副本。

仲裁申请书应当载明下列事项：

（一）劳动者的姓名、性别、年龄、职业、工作单位和住所，用人单位的名称、住所和法定代表人或者主要负责人的姓名、职务；

（二）仲裁请求和所根据的事实、理由；

（三）证据和证据来源、证人姓名和住所。

书写仲裁申请确有困难的，可以口头申请，由劳动争议仲裁委员会记入笔录，并告知对方当事人。

第二十九条　劳动争议仲裁委员会收到仲裁申请之日起五日内，认为符合受理条件的，应当受理，并通知申请人；认为不符合受理条件的，应当书面通知申请人不予受理，并说明理由。对劳动争议仲裁委员会不予受理或者逾期未作出决定的，申请人可以就该劳动争议事项向人民法院提起诉讼。

第三十条　劳动争议仲裁委员会受理仲裁申请后，应当在五日内将仲裁申请书副本送达被申请人。

被申请人收到仲裁申请书副本后，应当在十日内向劳动争议仲裁委员会提交答辩书。劳动争议仲裁委员会收到答辩书后，应当在五日内将答辩书副本送达申请人。被申请人未提交答辩书的，不影响仲裁程序的进行。

第三节　开庭和裁决

第三十一条　劳动争议仲裁委员会裁决劳动争议案件实行仲裁庭制。仲裁庭由三名仲裁员组成，设首席仲裁员。简单劳动争议案件可以由一名仲裁员独任仲裁。

第三十二条　劳动争议仲裁委员会应当在受理仲裁申请之日起五日内将仲裁庭的组成情况书面通知当事人。

第三十三条　仲裁员有下列情形之一，应当回避，当事人也有权以口头或者书面方式提出回避申请：

（一）是本案当事人或者当事人、代理人的近亲属的；

（二）与本案有利害关系的；

（三）与本案当事人、代理人有其他关系，可能影响公正裁决的；

（四）私自会见当事人、代理人，或者接受当事人、代理人的请客送礼的。

劳动争议仲裁委员会对回避申请应当及时作出决定，并以口头或者书面方式通知当事人。

第三十四条　仲裁员有本法第三十三条第四项规定情形，或者有索贿受贿、徇私舞弊、枉法裁决行为的，应当依法承担法律责任。劳动争议仲裁委员会应当将其解聘。

第三十五条　仲裁庭应当在开庭五日前，将开庭日期、地点书面通知双方当事人。当事人有正当理由的，可以在开庭三日前请求延期开庭。是否延期，由劳动争议仲裁委员会决定。

第三十六条　申请人收到书面通知，无正当理由拒不到庭或者未经仲裁庭同意中途退庭的，可以视为撤回仲裁申请。

被申请人收到书面通知，无正当理由拒不到庭或者未经仲裁庭同意中途退庭的，可以缺席裁决。

第三十七条　仲裁庭对专门性问题认为需要鉴定的，可以交由当事人约定的鉴定机构鉴定；当事人没有约定或者无法达成约定的，由仲裁庭指定的鉴定机构鉴定。

根据当事人的请求或者仲裁庭的要求，鉴定机构应当派鉴定人参加开庭。当事人经仲裁庭许可，可以向鉴定人提问。

第三十八条　当事人在仲裁过程中有权进行质证和辩论。质证和辩论终结时，首席仲裁员或者独任仲裁员应当征询当事人的最后意见。

第三十九条　当事人提供的证据经查证属实的，仲裁庭应当将其作为认定事实的根据。

劳动者无法提供由用人单位掌握管理的与仲裁请求有关的证据，仲裁庭可以要求用人单位在指定期限内提供。用人单位在指定期限内不提供的，应当承担不利后果。

第四十条　仲裁庭应当将开庭情况记入笔录。当事人和其他仲裁参加人认为对自己陈述的记录有遗漏或者差错的，有权申请补正。如果不予补正，应当记录该申请。

笔录由仲裁员、记录人员、当事人和其他仲裁参加人签名或者盖章。

第四十一条　当事人申请劳动争议仲裁后，可以自行和解。达成和解协议的，可以撤回仲裁申请。

第四十二条　仲裁庭在作出裁决前，应当先行调解。

调解达成协议的，仲裁庭应当制作调解书。

调解书应当写明仲裁请求和当事人协议的结果。调解书由仲裁员签名，加盖劳动争议仲裁委员会印章，送达双方当事人。调解书经双方当事人签收后，发生法律效力。

调解不成或者调解书送达前，一方当事人反悔的，仲裁庭应当及时作出裁决。

第四十三条　仲裁庭裁决劳动争议案件，应当自劳动争议仲裁委员会受理仲裁申请之日起四十五日内结束。案情复杂需要延期的，经劳动争议仲裁委员会主任批准，可以延期并书面通知当事人，但是延长期限不得超过十五日。逾期未作出仲裁裁决的，当事人可以就该劳动争议事项向人民法院提起诉讼。

仲裁庭裁决劳动争议案件时，其中一部分事实已经清楚，可以就该部分先行裁决。

第四十四条　仲裁庭对追索劳动报酬、工伤医疗费、经济补偿或者赔偿金的案件，根据当事人的申请，可以裁决先予执行，移送人民法院执行。

仲裁庭裁决先予执行的，应当符合下列条件：

（一）当事人之间权利义务关系明确；

（二）不先予执行将严重影响申请人的生活。

劳动者申请先予执行的，可以不提供担保。

第四十五条　裁决应当按照多数仲裁员的意见作出，少数仲裁员的不同意见应当记入笔录。仲裁庭不能形成多数意见时，裁决应当按照首席仲裁员的意见作出。

第四十六条　裁决书应当载明仲裁请求、争议事实、裁决理由、裁决结果和裁决日期。裁决书由仲裁员签名，加盖劳动争议仲裁委员会印章。对裁决持不同意见的仲裁员，可以签名，也可以不签名。

第四十七条　下列劳动争议，除本法另有规定的外，仲裁裁决为终局裁决，裁决书自作出之日起发生法律效力：

（一）追索劳动报酬、工伤医疗费、经济补偿或者赔偿金，不超过当地月最低工资标准十二个月金额的争议；

（二）因执行国家的劳动标准在工作时间、休息休假、社会保险等方面发生的争议。

第四十八条　劳动者对本法第四十七条规定的仲裁裁决不服的，可以自收到仲裁裁决书之日起十五日内向人民法院提起诉讼。

第四十九条　用人单位有证据证明本法第四十七条规定的仲裁

裁决有下列情形之一，可以自收到仲裁裁决书之日起三十日内向劳动争议仲裁委员会所在地的中级人民法院申请撤销裁决：

（一）适用法律、法规确有错误的；

（二）劳动争议仲裁委员会无管辖权的；

（三）违反法定程序的；

（四）裁决所根据的证据是伪造的；

（五）对方当事人隐瞒了足以影响公正裁决的证据的；

（六）仲裁员在仲裁该案时有索贿受贿、徇私舞弊、枉法裁决行为的。

人民法院经组成合议庭审查核实裁决有前款规定情形之一的，应当裁定撤销。

仲裁裁决被人民法院裁定撤销的，当事人可以自收到裁定书之日起十五日内就该劳动争议事项向人民法院提起诉讼。

第五十条　当事人对本法第四十七条规定以外的其他劳动争议案件的仲裁裁决不服的，可以自收到仲裁裁决书之日起十五日内向人民法院提起诉讼；期满不起诉的，裁决书发生法律效力。

第五十一条　当事人对发生法律效力的调解书、裁决书，应当依照规定的期限履行。一方当事人逾期不履行的，另一方当事人可以依照民事诉讼法的有关规定向人民法院申请执行。受理申请的人民法院应当依法执行。

第四章　附　则

第五十二条　事业单位实行聘用制的工作人员与本单位发生劳动争议的，依照本法执行；法律、行政法规或者国务院另有规定的，依照其规定。

第五十三条　劳动争议仲裁不收费。劳动争议仲裁委员会的经费由财政予以保障。

第五十四条　本法自 2008 年 5 月 1 日起施行。

中华人民共和国劳动合同法实施条例

（2008 年 9 月 3 日国务院第 25 次常务会议通过）

第一章 总 则

第一条 为了贯彻实施《中华人民共和国劳动合同法》（以下简称劳动合同法），制定本条例。

第二条 各级人民政府和县级以上人民政府劳动行政等有关部门以及工会等组织，应当采取措施，推动劳动合同法的贯彻实施，促进劳动关系的和谐。

第三条 依法成立的会计师事务所、律师事务所等合伙组织和基金会，属于劳动合同法规定的用人单位。

第二章 劳动合同的订立

第四条 劳动合同法规定的用人单位设立的分支机构，依法取得营业执照或者登记证书的，可以作为用人单位与劳动者订立劳动合同；未依法取得营业执照或者登记证书的，受用人单位委托可以与劳动者订立劳动合同。

第五条 自用工之日起一个月内，经用人单位书面通知后，劳动者不与用人单位订立书面劳动合同的，用人单位应当书面通知劳动者终止劳动关系，无需向劳动者支付经济补偿，但是应当依法向劳动者支付其实际工作时间的劳动报酬。

第六条 用人单位自用工之日起超过一个月不满一年未与劳动者订立书面劳动合同的，应当依照劳动合同法第八十二条的规定向劳动者每月支付两倍的工资，并与劳动者补订书面劳动合同；劳动者不与用人单位订立书面劳动合同的，用人单位应当书面通知劳动者终止劳动关系，并依照劳动合同法第四十七条的规定支付经济补偿。

　　前款规定的用人单位向劳动者每月支付两倍工资的起算时间为用工之日起满一个月的次日，截止时间为补订书面劳动合同的前一日。

　　第七条　用人单位自用工之日起满一年未与劳动者订立书面劳动合同的，自用工之日起满一个月的次日至满一年的前一日应当依照劳动合同法第八十二条的规定向劳动者每月支付两倍的工资，并视为自用工之日起满一年的当日已经与劳动者订立无固定期限劳动合同，应当立即与劳动者补订书面劳动合同。

　　第八条　劳动合同法第七条规定的职工名册，应当包括劳动者姓名、性别、公民身份号码、户籍地址及现住址、联系方式、用工形式、用工起始时间、劳动合同期限等内容。

　　第九条　劳动合同法第十四条第二款规定的连续工作满 10 年的起始时间，应当自用人单位用工之日起计算，包括劳动合同法施行前的工作年限。

　　第十条　劳动者非因本人原因从原用人单位被安排到新用人单位工作的，劳动者在原用人单位的工作年限合并计算为新用人单位的工作年限。原用人单位已经向劳动者支付经济补偿的，新用人单位在依法解除、终止劳动合同计算支付经济补偿的工作年限时，不再计算劳动者在原用人单位的工作年限。

　　第十一条　除劳动者与用人单位协商一致的情形外，劳动者依照劳动合同法第十四条第二款的规定，提出订立无固定期限劳动合同的，用人单位应当与其订立无固定期限劳动合同。对劳动合同的内容，双方应当按照合法、公平、平等自愿、协商一致、诚实信用的原则协商确定；对协商不一致的内容，依照劳动合同法第十八条的规定执行。

　　第十二条　地方各级人民政府及县级以上地方人民政府有关部门为安置就业困难人员提供的给予岗位补贴和社会保险补贴的公益性岗位，其劳动合同不适用劳动合同法有关无固定期限劳动合同的规定以及支付经济补偿的规定。

　　第十三条　用人单位与劳动者不得在劳动合同法第四十四条规

定的劳动合同终止情形之外约定其他的劳动合同终止条件。

第十四条　劳动合同履行地与用人单位注册地不一致的，有关劳动者的最低工资标准、劳动保护、劳动条件、职业危害防护和本地区上年度职工月平均工资标准等事项，按照劳动合同履行地的有关规定执行；用人单位注册地的有关标准高于劳动合同履行地的有关标准，且用人单位与劳动者约定按照用人单位注册地的有关规定执行的，从其约定。

第十五条　劳动者在试用期的工资不得低于本单位相同岗位最低档工资的80%或者不得低于劳动合同约定工资的80%，并不得低于用人单位所在地的最低工资标准。

第十六条　劳动合同法第二十二条第二款规定的培训费用，包括用人单位为了对劳动者进行专业技术培训而支付的有凭证的培训费用、培训期间的差旅费用以及因培训产生的用于该劳动者的其他直接费用。

第十七条　劳动合同期满，但是用人单位与劳动者依照劳动合同法第二十二条的规定约定的服务期尚未到期的，劳动合同应当续延至服务期满；双方另有约定的，从其约定。

第三章　劳动合同的解除和终止

第十八条　有下列情形之一的，依照劳动合同法规定的条件、程序，劳动者可以与用人单位解除固定期限劳动合同、无固定期限劳动合同或者以完成一定工作任务为期限的劳动合同：

（一）劳动者与用人单位协商一致的；

（二）劳动者提前30日以书面形式通知用人单位的；

（三）劳动者在试用期内提前3日通知用人单位的；

（四）用人单位未按照劳动合同约定提供劳动保护或者劳动条件的；

（五）用人单位未及时足额支付劳动报酬的；

（六）用人单位未依法为劳动者缴纳社会保险费的；

（七）用人单位的规章制度违反法律、法规的规定，损害劳动者权益的；

（八）用人单位以欺诈、胁迫的手段或者乘人之危，使劳动者在违背真实意思的情况下订立或者变更劳动合同的；

（九）用人单位在劳动合同中免除自己的法定责任、排除劳动者权利的；

（十）用人单位违反法律、行政法规强制性规定的；

（十一）用人单位以暴力、威胁或者非法限制人身自由的手段强迫劳动者劳动的；

（十二）用人单位违章指挥、强令冒险作业危及劳动者人身安全的；

（十三）法律、行政法规规定劳动者可以解除劳动合同的其他情形。

第十九条　有下列情形之一的，依照劳动合同法规定的条件、程序，用人单位可以与劳动者解除固定期限劳动合同、无固定期限劳动合同或者以完成一定工作任务为期限的劳动合同：

（一）用人单位与劳动者协商一致的；

（二）劳动者在试用期间被证明不符合录用条件的；

（三）劳动者严重违反用人单位的规章制度的；

（四）劳动者严重失职，营私舞弊，给用人单位造成重大损害的；

（五）劳动者同时与其他用人单位建立劳动关系，

（六）劳动者以欺诈、胁迫的手段或者乘人之危，使用人单位在违背真实意思的情况下订立或者变更劳动合同的；

（七）劳动者被依法追究刑事责任的；

（八）劳动者患病或者非因工负伤，在规定的医疗期满后不能从事原工作，也不能从事由用人单位另行安排的工作的；

（九）劳动者不能胜任工作，经过培训或者调整工作岗位，仍不能胜任工作的；

（十）劳动合同订立时所依据的客观情况发生重大变化，致使劳动合同无法履行，经用人单位与劳动者协商，未能就变更劳动合同内容达成协议的；

（十一）用人单位依照企业破产法规定进行重整的；

（十二）用人单位生产经营发生严重困难的；

（十三）企业转产、重大技术革新或者经营方式调整，经变更劳动合同后，仍需裁减人员的；

（十四）其他因劳动合同订立时所依据的客观经济情况发生重大变化，致使劳动合同无法履行的。

第二十条 用人单位依照劳动合同法第四十条的规定，选择额外支付劳动者一个月工资解除劳动合同的，其额外支付的工资应当按照该劳动者上一个月的工资标准确定。

第二十一条 劳动者达到法定退休年龄的，劳动合同终止。

第二十二条 以完成一定工作任务为期限的劳动合同因任务完成而终止的，用人单位应当依照劳动合同法第四十七条的规定向劳动者支付经济补偿。

第二十三条 用人单位依法终止工伤职工的劳动合同的，除依照劳动合同法第四十七条的规定支付经济补偿外，还应当依照国家有关工伤保险的规定支付一次性工伤医疗补助金和伤残就业补助金。

第二十四条 用人单位出具的解除、终止劳动合同的证明，应当写明劳动合同期限、解除或者终止劳动合同的日期、工作岗位、在本单位的工作年限。

第二十五条 用人单位违反劳动合同法的规定解除或者终止劳动合同，依照劳动合同法第八十七条的规定支付了赔偿金的，不再支付经济补偿。赔偿金的计算年限自用工之日起计算。

第二十六条 用人单位与劳动者约定了服务期，劳动者依照劳动合同法第三十八条的规定解除劳动合同的，不属于违反服务期的约定，用人单位不得要求劳动者支付违约金。

有下列情形之一，用人单位与劳动者解除约定服务期的劳动合同的，劳动者应当按照劳动合同的约定向用人单位支付违约金：

（一）劳动者严重违反用人单位的规章制度的；

（二）劳动者严重失职，营私舞弊，给用人单位造成重大损害的；

（三）劳动者同时与其他用人单位建立劳动关系，

（四）劳动者以欺诈、胁迫的手段或者乘人之危，使用人单位在违背真实意思的情况下订立或者变更劳动合同的；

（五）劳动者被依法追究刑事责任的。

第二十七条　劳动合同法第四十七条规定的经济补偿的月工资按照劳动者应得工资计算，包括计时工资或者计件工资以及奖金、津贴和补贴等货币性收入。劳动者在劳动合同解除或者终止前12个月的平均工资低于当地最低工资标准的，按照当地最低工资标准计算。劳动者工作不满12个月的，按照实际工作的月数计算平均工资。

第四章　劳务派遣特别规定

第二十八条　用人单位或者其所属单位出资或者合伙设立的劳务派遣单位，向本单位或者所属单位派遣劳动者的，属于劳动合同法第六十七条规定的不得设立的劳务派遣单位。

第二十九条　用工单位应当履行劳动合同法第六十二条规定的义务，维护被派遣劳动者的合法权益。

第三十条　劳务派遣单位不得以非全日制用工形式招用被派遣劳动者。

第三十一条　劳务派遣单位或者被派遣劳动者依法解除、终止劳动合同的经济补偿，依照劳动合同法第四十六条、第四十七条的规定执行。

第三十二条　劳务派遣单位违法解除或者终止被派遣劳动者的劳动合同的，依照劳动合同法第四十八条的规定执行。

第五章　法律责任

第三十三条　用人单位违反劳动合同法有关建立职工名册规定的，由劳动行政部门责令限期改正；逾期不改正的，由劳动行政部门处 2000 元以上 2 万元以下的罚款。

第三十四条 用人单位依照劳动合同法的规定应当向劳动者每月支付两倍的工资或者应当向劳动者支付赔偿金而未支付的，劳动行政部门应当责令用人单位支付。

第三十五条 用工单位违反劳动合同法和本条例有关劳务派遣规定的，由劳动行政部门和其他有关主管部门责令改正；情节严重的，以每位被派遣劳动者 1000 元以上 5000 元以下的标准处以罚款；给被派遣劳动者造成损害的，劳务派遣单位和用工单位承担连带赔偿责任。

第六章 附 则

第三十六条 对违反劳动合同法和本条例的行为的投诉、举报，县级以上地方人民政府劳动行政部门依照《劳动保障监察条例》的规定处理。

第三十七条 劳动者与用人单位因订立、履行、变更、解除或者终止劳动合同发生争议的，依照《中华人民共和国劳动争议调解仲裁法》的规定处理。

第三十八条 本条例自公布之日起施行。